基础汉语课本

第 四 册

ELEMENTARY CHINESE
READERS

BOOK FOUR

北京语言学院编

外文出版社

北京

First Edition   1980

Foreign Languages Press
24 Baiwanzhuang Road, Beijing, China

Printed in the People's Republic of China

目　　录

第五十九课

一、课　文

友　谊

彼得是个海员，他常常到中国来。我在海员俱乐部工作，认识他已经两、三年了。

两年多以前，彼得第一次来中国。一天，我有事来到他们船上，海员们正在紧张地工作。忽然，几个海员扶着一个老工人走过来，一边走，一边喊："手……他的手……" 这个老工人就是彼得，他的四个手指都叫机器轧断了。我马上和海员们带着断指，把彼得送到附近的医院。

在医院里，彼得担心地对中国医生说："医生，这是一只劳动的手啊，我们全家都靠它啊！" 医生们安慰他说："你放心，我们一定想办法把你的手指接上。"

手术作得很好，彼得的断指接上以后，很快就复活了。后来，我去医院看他的时候，他用那

1

只复活了的手紧紧地握着我的手说："谢谢你，老张！谢谢中国医生！"我对他说："我们都是朋友，不用谢。"过了几天，彼得就回国了。

去年国庆节前，彼得又来到了中国。第二天，我去看他。我走进他的房间，只见他坐在玻璃窗前，正用那只复活了的手，在一块红布上绣着什么。他绣得那样专心，连我进来都没听见。我走近一看，他绣的是"友谊"两个汉字。

彼得看见我来了，高兴地站起来对我说："十月一日快到了，这是中国人民的伟大节日。我用中国医生给我的这只手绣了这件礼物，请你把它交给中国人民。"

我从彼得手里接过这件珍贵的礼物，非常感动。我珍惜这件礼物，更珍惜彼得对中国人民的友谊。

二、生　词

1. 海员	（名）	hǎiyuán	seaman
2. 俱乐部	（名）	jùlèbù	club
3. 扶	（动）	fú	to support, to help
4. 手指	（名）	shǒuzhǐ	finger
5. 轧	（动）	yà	to crush, to press
6. 断	（动）	duàn	to break off, to sever
7. 附近	（名）	fùjìn	nearby
8. 担心		dān xīn	to worry, to feel anxious
9. 医生	（名）	yīshēng	doctor
10. 靠	（动）	kào	to rely on, to depend on, to lean against
11. 安慰	（动）	ānwèi	to comfort, to console
12. 放心		fàng xīn	to set one's mind at rest, to be at ease
13. 接	（动）	jiē	to join, to piece together
14. 手术	（名）	shǒushù	surgical operation
15. 复活	（动）	fùhuó	to recover, to revive
16. 紧	（形）	jǐn	tight, close

17. 玻璃	（名）	bōli	glass
18. 绣	（动）	xiù	to embroider
19. 专心	（形）	zhuānxīn	absorbed, concentrated
20. 连…都 (也)…		lián…dōu (yě)…	even
21. 伟大	（形）	wěidà	great
22. 节日	（名）	jiérì	festival
23. 珍贵	（形）	zhēnguì	valuable, precious
24. 珍惜	（动）	zhēnxī	to treasure, to value, to cherish

专　名

彼得	Bǐdé	*name of a person*

三、词 语 例 解

1. 靠

"靠" 是动词，可作谓语主要成分，也常带上宾语作另一动词的状语。例如：

"靠" is a verb which functions either as the main element of the predicate or, together with its object, as the adverbial adjunct of another verb, e.g.

(1) 这个村子左边靠山，右边靠水，有山有水，真是个好地方啊！

4

(2) 要作好工作，不能只靠热情，还要注意工作方法。

(3) 请靠右边走。

(4) 他靠着窗户站着。

(5) 张文的房间里靠墙放了一个书架，上边整整齐齐放着很多外文书。

2. 接

"接"主要有以下几种意思：

"接" has the following different meanings:

A. 使连接

To join, connect or put together.

(1) 这块布太小，把两块布接在一起吧。

(2) 一个小时以后，医生已经把他的手指接好了。

B. 连接

To follow or go after.

(1) 汽车一辆接（着）一辆地都开到停车场上来了。

(2) 这句话是接（着）那句的。

C. 托住，承受

To catch with hands or hold.

(1) 我把球扔给你，你接着。

(2) 她到外边接了一杯雨水进来。

5

D. 接受

To receive.

老张寄来的礼物和信，我都接到了。

E. 迎接

To meet.

(1) 我朋友晚上九点到北京，我要去车站接他。

(2) 今天下午我姐姐要到幼儿园去接她的孩子。

F. 接替

To take over or replace.

小王要去学习，领导决定让你来接他的工作。

3. "上"作结果补语

"上"作结果补语可以表示通过动作使某事物存在或附着于某处。后面的宾语就是存在或附着于某处的事物。例如：

As a complement of result, "上" can indicate that something stays at a certain place or becomes attached to something else through an action. The object of the verb is the thing that stays or becomes attached, e.g.

(1) 医生接上了彼得的断指。

如果要指出存在或附着的处所，可以用介宾结构"在…"作状语来表示，或者用表示处所的名词作主语。例如：

If we want to point out the place where the thing remains or becomes attached to, we should use the preposition-object construction "在…" before the verb as an adverbial adjunct or use a word or phrase denoting a place as the subject of the sentence, e.g.

(2) 她在收音机旁边放上了一瓶花儿。

(3) 他的新书都写上名字了。

4. 老张

在日常生活中，对于比较熟悉的同志，年龄比较大的，可以用"老"加上姓来称呼，表示亲切和尊敬；年龄比较小的，可以用"小"加上姓来称呼，表示亲切。例如："老马"、"老李"、"小丁"、"小张"等。

In everyday life, when we address a familiar comrade, we use "老" plus his surname to show cordiality and respect if he is not very young or advanced in age, and "小" plus his surname to show endearment if he is rather young, as in "老马", "老李", "小丁" and "小张".

5. 只见

"只见"常用来引出对所看到的景象的描述，这一景象是特别吸引了说话人的注意力的。"只见"一般用于复句中后一分句的句首，前面不能再有主语。例如：

"只见" is more often than not used to introduce the description of what is seen by the speaker who is fascinated by it. "只见" usually occurs at the beginning of the second clause of a compound sentence and there must not be any subject before it, e.g.

(1) 我们走进体育馆，只见运动员们正在紧张地练球。

(2) 我推开屋门，只见房间里干干净净，整整齐齐，布置得非常漂亮。

(3) 大家从车窗向外看去，只见小麦长得非常好，男女社员正在地里劳动。

6. 在一块红布上绣着什么

疑问代词还可以用在陈述句中表示虚指，代替不能指明的人或事物。例如：

Interrogative pronouns can also be used in declarative sentences to stand for an indefinite person or thing, e.g.

(1) 这个句子我不会翻译，想找谁问一问。

(2) 今天天气非常好，我很想去哪儿玩儿玩儿。

(3) 你在这儿等着他吧，可以先找本什么书看看。

7. "连…都（也）…"格式

"连…都（也）…"用来提出突出的事例，表示突出的事例是如此，其他更是如此了。突出的事例可以是主语、谓语、动词、前置宾语或状语等。突出谓语动词时，在"都"（"也"）后边一般要重复动词，而且重复的动词要带其他成分。例如：

The construction "连…都（也）…" is used to give one or more special cases to show others go without saying. The cases in point may be the subject, predicate, verb, preposed object or adverbial adjunct etc. When the predicative verb is emphasized, it should be repeated after "都" or "也" and takes other elements after it, e.g.

(1) 连今年来的新同学都能看懂这篇文章，老同学更能看懂了。

(2) 那个老工人说："这样的幸福生活，解放以前真是连想也想不到啊！"

(3) 刚来中国的时候，我连一个汉字都不认识。

(4) 参观回来以后，我的朋友听人说我病了，他连一分钟也没休息，就来看我了。

8. 我走近一看

动词前加"一"表示这个动作非常短促。"一…"常出现在复句的第一分句里，第二分句往往是说明前面那一短促动作所引起的结果的。例如：

"一" can be placed before a verb to show an action lasts only for a very short duration. "一…" often occurs in the first clause of a compound sentence and the second clause usually tells of what the short action results in, e.g.

(1) 他一说，大家都笑起来了。

"一"和"看"、"听"一类的动词连用时，第二分句往往说明经过"看"、"听"的动作，忽然发现了一些新的情况或事物。例如：

When "一" is used in combination with verbs such as "看" and "听" etc., the second clause usually indicates that one suddenly finds out something he didn't know before, e.g.

(2) 我往外一看，雨已经停了。

(3) 他注意一听，有人正在叫他呢。

(4) 他推开门一看，里边坐着很多人，正在
讨论着什么。

四、近 义 词 例 解

以后　后来

A．"以后"可以用于过去的事，也可以用于将来的事；
"后来"只能用于过去的事。例如：

"以后" can apply to a past event as well as a future one
while "后来" can only apply to a past event, e.g.

(1) 开始的时候，他学法语，后来/以后学英语了。

(2) 他以前在邮局工作，后来/以后又去商店工作
了。

(3) 以后我们再讨论这个问题。

(4) 你以后常来我们家玩儿吧!

B．"以后"前边可以有时间词或表示某一事件的词语，
"后来"则不能。例如：

"以后" can be qualified by a word or phrase denoting
either time or an event, but "后来" cannot, e.g.

(1) 下飞机以后，我们受到了中国朋友的热
烈欢迎。

(2) 下午四点以后，我们都到操场去锻炼。

(3) 他出国以后，我已经接到他三封信了。

五、练 习

1. 读下列词组，并将其扩展成句子：

　　例：放上照片——他在写给哥哥的信里放上
　　　　了几张照片。

　　(1) 摆上花儿　　　　(2) 挂上地图

　　(3) 换上衣服　　　　(4) 戴上耳机

　　(5) 骑上自行车　　　(6) 扛上粮食

　　(7) 带上水果

2. 完成下列句子：

　　(1) 我走进我朋友的屋子，只见＿＿＿＿＿＿＿＿。

　　(2) 从山上往下边一看，只见＿＿＿＿＿＿＿＿。

　　(3) ＿＿＿＿＿＿＿＿，只见同学们有的在看杂志，
　　　　有的在看画报，大家都在专心地看书。

　　(4) ＿＿＿＿＿＿＿＿，只见人们都安静地坐在座
　　　　位上，节目还没有开始。

　　(5) 一个同学找小王去打球，小王跑到操场
　　　　一看，只见＿＿＿＿＿＿＿＿＿＿。

　　(6) 海员们正在紧张地工作，忽然听见有人
　　　　喊："手……他的手……"大家回头一
　　　　看，只见＿＿＿＿＿＿＿＿＿＿。

3. 选择适当的疑问代词（谁、什么、哪儿、哪）填入下列句子
　　空格中：

　　(1) 她不会绣花，想找＿＿＿教教她。

(2) 今天是节日,学校不上课,我想到 ____ 去玩儿玩儿。

(3) 我一个人完成不了这个任务,叫____来帮帮我吧。

(4) 他早上没吃东西,又爬了一会儿山,现在想吃点儿____。

(5) 这个人我认识,最近我在____地方遇见过他。

(6) 你找的这个地方,可能就在附近____个村子里。

4. 用"连…都(也)…"格式改写下列句子:

　　例: 来中国以前,我没看过一个中国电影。

　　　　来中国以前,我连一个中国电影也没看过。

(1) 听说他朋友到北京了,他没吃饭就去城里看朋友了。

(2) 他的断手接上以后,能开机器了。

(3) 这位老海员以前没遇到过这种情况。

(4) 以前他没想过能到中国来旅行。

(5) 他正在专心地看书,我叫他,他没听见。

(6) 手术进行了六个钟头,他们没休息一分钟。

(7) 你没问我,怎么知道我没去过那儿呢?

(8) 他们学得太慢，到现在还<u>不会查字典</u>。

(9) 那支新买的铅笔，还<u>没用</u>就丢了。

5. 用下列词组作句子：

    (1) 开开门一看   (2) 给大家一说

    (3) 到门外边一听   (4) 找人一问

    (5) 拿出字典一查   (6) 同学们一讨论

6. 用"后来"或"以后"填空：

    (1) 去年我在海员俱乐部看见过他一次，＿＿＿再没有遇到过他。

    (2) 以前他在玻璃工厂工作，＿＿＿＿又到附近的机器工厂去工作了。

    (3) 他们现在学习汉语，＿＿＿＿到别的城市学习专业。

    (4) 我和他是在北京大学认识的，＿＿＿＿他回国了，回国＿＿＿＿，还常常给我来信。

    (5) 医生安慰他说："请你放心，你的手指接上＿＿＿＿，还能跟以前一样工作。"

    (6) 中学毕业＿＿＿＿，他没有上大学，到工厂去工作了。

    (7) 我们先参观了几个展览室，＿＿＿＿又到小卖部买了一些东西。

    (8) 前几年他是人民公社的社员，＿＿＿＿参加了中国人民解放军。

7. 阅读下面的短文，注意本课词语的用法：

在中国，人们都知道白求恩 (Báiqiú'ēn, Norman Bethune) 的名字。白求恩是一个加拿大 (Jiānádà, Canada) 医生，一九三七年，为了帮助中国人民的抗日战争，他来到中国，在八路军里工作。那时候，八路军的生活很苦，也很紧张。白求恩大夫跟战士们过一样的生活，每天他除了给伤员 (shāngyuán, wounded soldier) 治病、作手术，还帮助八路军的医生、护士提高技术，给他们上课，教他们作手术。白求恩大夫还用自己身上的血 (xiě, blood) 救活过八路军战士。

有一次，白求恩大夫住的村子里，有个农民的孩子忽然得了重病。附近没有医院，孩子的父母非常着急。有人说："快去把白大夫请来吧！"村里的人差不多都认识白求恩大夫，都热情地叫他"白大夫"。

孩子的父亲立刻跑去找白求恩大夫。他跑到白求恩大夫住的屋子，进门一看，只见一个八路军战士正在专心地跟白求恩大夫学英文。白求恩大夫听说有病人，连大衣也没穿，带上药箱就跟着孩子的父亲去了。

白求恩大夫认真地给孩子检查了一下，立刻给孩子打了一针，又让他吃了一点儿药，然后，安

14

慰孩子的父母说："你们不用担心，我再留下一点儿药，按时给孩子吃，让他多喝点水，过几天就会好的。要是有情况，再去找我。你们放心，孩子的病一定能治好。"孩子的父亲紧紧握住白求恩大夫的手，不知道说什么好。

一个星期以后，孩子的病真的好了。

后来，白求恩大夫要跟队伍一起，到别的地方去。孩子的父亲给白求恩大夫送去一双 (shuāng, pair) 布鞋 (bùxié, clothshoes)，对他说："我们也没有别的礼物，这双鞋是我爱人作的，请您留着穿吧。"

白求恩大夫接过礼物，感动地说："这件礼物很珍贵，我很珍惜这件礼物，更珍惜我们两国人民的友谊。"

第 六 十 课

一、课 文

愚 公 移 山

中国古代有个寓言，叫"愚公移山"。说的是古时候有一位老人，住在华北，名叫愚公。他的家门前边有两座山，又高又大，挡住了他家的出路，很不方便。有一天，愚公把家里的人叫到一起，说："这两座山正对着咱们家门口，出来进去太不方便了。咱们把它搬走，好不好？"愚公的儿子、孙子们都很赞成，只有他的妻子没有信心。她说："你已经快九十岁了，连一块石头也搬不动，怎么能搬走这两座大山呢？山上那么多的石头，又搬到哪儿去呢？"大家说："可以把石头扔到海里去！"

第二天早上，愚公就带着一家人搬山去了。邻居们看到愚公这么大的年纪还要搬山，都很感动，也来帮助他们，连一个七、八岁的小孩子都来了。愚公非常高兴，说："好啊！这么多人一起干，一定能把这两座山搬走。"他们不怕辛

16

苦，不怕困难，每天不停地挖山。

有个叫智叟的老头子，看见他们在挖山，觉得很可笑，就对愚公说："你这么大年纪，连山上的草都拔不动了，又怎么能搬走这两座大山呢？"愚公听了，笑着说："你还不如一个小孩子。我虽然快死了，但是我还有儿子，儿子死了，还有孙子，我们的人越来越多，山上的石头越搬越少，还怕不能把山挖平吗？"

智叟听了，没有话说。

愚公一家搬山的事感动了上帝，他就派了两个神仙把两座山背走了。

二、生　词

1. 移　　　（动）　yí　　　　to remove, to move
2. 古代　　（名）　gǔdài　　ancient times
3. 寓言　　（名）　yùyán　　fable
4. 老人　　（名）　lǎorén　　old man
5. 挡　　　（动）　dǎng　　to obstruct, to block
6. 出路　　（名）　chūlù　　way out
7. 正　　（形、副）zhèng　right, exactly, just
8. 对　　　（动）　duì　　to face, to confront
9. 咱们　　（代）　zánmen　we, us
10. 孙子　　（名）　sūnzi　　grandson
11. 赞成　　（动）　zànchéng　to approve, to be in
　　　　　　　　　　　　　favour of
12. 妻子　　（名）　qīzi　　wife
13. 信心　　（名）　xìnxīn　　confidence
14. 动　　　（动）　dòng　　to move, to get moving
15. 邻居　　（名）　línjū　　neighbour
16. 干　　　（动）　gàn　　to do, to work, to make
17. 怕　　　（动）　pà　　to fear, to be afraid of
18. 辛苦　　（形）　xīnkǔ　　toilsome, hard, strenuous
19. 挖　　　（动）　wā　　to dig
20. 老头子　（名）　lǎotóuzi　old man
21. 可笑　　（形）　kěxiào　　funny, ridiculous

18

22. 草	（名）	cǎo	grass
23. 拔	（动）	bá	to pull, to pluck
24. 不如	（动）	bùrú	not as good as, not up to
25. 平	（形）	píng	level, flat, even
26. 神仙	（名）	shénxian	angel, spirit
27. 背	（动）	bēi	to carry on the back

专　名

1. 愚公	Yúgōng	Foolish Old Man
2. 华北	Huáběi	North China
3. 智叟	Zhìsǒu	Wise Old Man
4. 上帝	Shàngdì	God

三、词 语 例 解

1. 只有

"只"是副词，只能放在动词前，不能放在名词前。从意义上讲，"只"有时是限制动词，有时是限制动词后边的事物或数量等。例如：

"只" is an adverb which can be placed only before a verb rather than a noun. Sometimes "只" imposes a limit to the action denoted by the verb, and sometimes the thing or quantity after the verb, e.g.

(1) 我今天去图书馆，只还书，不借书。

(2) 我只认识他，不认识他姐姐。

(3) 我只学了一年汉语。

如果要限制主语、前置宾语或其数量，不能用"只"，要在它们的前边用"只有"。例如：

If a limit is imposed to the person or thing that is the subject, the preposed object or the quantity of the object, "只有" must be used instead, e.g.

(4) 只有小李不去旅行，我们都去。

(5) 这个办法大家都同意，只有他和老张不赞成。

(6) 我只有这两本书没看，别的书都看了。

2. 连一块石头也搬不动

"动"作可能补语，表示主语所指的人或事物有没有力量进行某种动作，并通过动作改变位置。例如：

As a potential complement, "动" indicates that the person or thing referred to by the subject has (or has not) enough strength to carry on an action, and changes (or does not change) his or its position as a result of the action, e.g.

(1) 路很远，你走得动吗？

(2) 我累了，走不动了。

如果动词有宾语，"动"常表示有没有力量通过动作使宾语所指的人或事物改变位置。例如：

If the verb takes an ooject, "动" indicates that one has (or has not) enough strength to make the person or thing referred to by the object change his or its position through the action indicated, e.g.

(3) 你们搬得动那个衣柜吗？

(4) 我拿不动这些东西。

3. 怎么能搬走这两座大山呢

这是一个反问句。反问句是一种强调的表达方式，它不要求回答。否定的反问句强调肯定意义，肯定的反问句强调否定意义。"怎么能搬走这两座大山呢"意思就是说话人认为不能搬走这两座大山。又如：

This is a rhetorical question formed of an interrogative pronoun. Questions of this kind usually do not expect any answer but are asked for the sake of effect or emphasis on the part of the speaker. Such a question lays emphasis on negation if it is affirmative and the opposite is the case if it is negative. "怎么能搬走这两座大山呢" means that, in the speaker's opinion, the two mountains can never be removed away. Further examples:

(1) 你有了困难，我们哪儿能不帮助你呢？

(2) 刚到北京的外国朋友，谁不想去看看长城呢？

(3) 他刚出院，还要休息几天，怎么能马上去上课呢？

4. 怎么能搬走这两座大山呢

语气助词"呢"用在疑问句和反问句句尾，可使全句语气比较缓和，有时带有需要思考或容人思考的意味。例如：

When used at the end of a question or a rhetorical question, the modal particle "呢" has the effect of making the tone moderate or mild, implying that one needs time to think over or gives the person he talks to time to think over, e.g.

(1) 看到留学生能用汉语表演节目了，我们怎么能不高兴呢？

(2) 你想去多少天呢？

(3) 我能为大家作点儿什么事情呢？

5．又搬到哪儿去呢

副词"又"有时可以用来引进另一理由、原因或条件等。例如：

The adverb "又" can sometimes be used to introduce another reason or cause or condition, e.g.

(1) 已经很晚了，雨又这么大，你明天再走吧。

(2) 他工作认真，又有经验，我想他一定会把任务完成得很好。

6．愚公就带着一家人搬山去了

这里副词"就"的意思相当于"于是"，用来表示前一事是后一事产生的前提，后一事是前一事自然导致的结果。例如：

The adverb "就" here is about the same as "于是" (so, hence). It is used to show what goes before is a premise or prerequisite and what comes after it is the natural consequence, e.g.

22

(1) 他看到我没有字典用，就把他自己的借给我了。

(2) 欢迎的同志看见我们下了汽车，就跑过来和我们握手，让我们到里边坐。

7. 愚公就带着一家人搬山去了

简单趋向补语"来"、"去"有时还可以表示主语所指的人为了达到某一目的而来或去。例如：

The simple directional complement "来" or "去" sometimes indicates that the person referred to by the subject comes or goes somewhere for a certain purpose, e.g.

(1) 你干什么去？

——我借书去。

(2) 老丁，你们班的同学看你来了。

8. 不如

"不如"用来表示比较。"A不如B"的意思通常是"A没有B好"。例如：

"不如" is used to denote comparison. "A不如B" means "A没有B好", e.g.

(1) 他们那里的学习条件不如我们这里。

也可以用形容词或动词结构指出在哪方面比较差。例如：

An adjective or a verbal construction can also be used in combination with "不如" to point out in what respect A cannot match B, e.g.

(2) 这个体育馆不如那个体育馆大。

(3) 这本小说不如那本写得好。

6. 你还不如一个小孩子

副词"还"有时表示程度更进一步。用在"A不如B"的句子中，意思是B已经不能令人满意，而A连B的水平都达不到，就更差了。表示这种意思时，"还"要轻读。例如：

Sometimes the adverb "还" means "even". It can be used in "A不如B" to form "A还不如B", which means that B is not quite satisfactory or up to standard while A is not even up to B. "还" should be pronounced in the neutral tone when so used, e.g.

(1) 大家都说这张照片照得不好，可是我照的还不如这张。

(2) 这本词典里的词还没有那本里的词多。

四、近 义 词 例 解

咱们 我们

"咱们"的意思就是"我们"，但包括听话人在内。"我们"则可以包括听话人，也可以不包括。例如：

"咱们", the inclusive first person plural, is exactly the same as "我们". But the difference between "咱们" and "我们" is that "我们" may or may not include the person or persons one is talking to, e.g.

(1) 这几张照片是一位外国朋友送给咱们我们的。

(2) 这辆汽车是咱们我们生产队新买的。

(3) 阿里，咱们
         我们 一起去吧！

(4) 明天下午我们开座谈会，欢迎你们参加。

(5) 星期日我们去长城，你去吗？

五、练 习

1. 用下列词组造"动"作可能补语的句子：

例：提　　箱子

这只箱子太重，我一个人提不动。

路　　走

到前边的村子，还有很远的路，你走得动
走不动？

(1) 搬　　石头

(2) 骑　　自行车

(3) 拔　　草

(4) 山　　爬

(5) 背　　粮食

(6) 受伤　　跑

2. 用反问句改写下列句子：

例：大家的信心这么大，一定能办好这件事。

大家的信心这么大，怎么能办不好这件事
呢？

(1) 这本《古代寓言》很有意思，大家都想借来看看。

(2) 这个意见很好，大家一定会赞成。

(3) 您这么大年纪，参加不了这个活动。

(4) 咱们大家一起挖，一定能把这儿挖平。

(5) 你是他的邻居，一定知道这件事。

(6) 这点儿困难挡不住我们。

(7) 这个任务一个人完成不了。

(8) 他连走都走不动，更不能跑了。

3. 完成下列句子（注意"就"的用法）：

(1) 愚公觉得门前有两座山很不方便，就
　　_____。

(2) 解放军战士看到前边拿东西的女同志快走不动了，就_____。

(3) 邻居们看到愚公一家搬山，很感动，就
　　_____。

(4) _____，就都骑着自行车进城了。

(5) _____，就在红布上绣了"友谊"两个字。

(6) 村里的青年听说小杨结婚，就_____。

4. 把下面的句子改成不用"不如"的比较句：

　　例：北海公园不如颐和园大。

颐和园比北海公园大。

(1) 我们这几天不如前几天紧张。

(2) 你的录音机不如他的。

(3) 今天的天气不如昨天。

(4) 这条路不如上次我们走的那条平。

(5) 在这儿生活，北方人不如南方人习惯得快。

5. 把下面的比较句改成用"不如"的句子：

例： 那边的草比这边的多。

这边的草不如那边的多。

(1) 我弟弟的身体比我的身体好。

(2) 他这些天没参加锻炼，现在没有以前跑得快了。

(3) 他邻居家门前的树比他家门前的高。

(4) 虽然那儿的生活条件比这儿苦，但是我们不怕。

(5) 这些老人比你们这些青年人还喜欢运动。

6. 用"我们"或"咱们"填空：

(1) 愚公的妻子说："只有____家这几个人，怎么能搬走这两座大山呢？"

(2) 看到邻居们也来帮助，愚公高兴地说："好啊，你们都来帮助____，这两座山一定能搬走。"

(3) 这件事只有你和我＿＿＿＿两个知道。

(4) 愚公笑着对智叟说："你说＿＿＿＿搬不走这两座大山，我看你连小孩子都不如。"

(5) 这儿又有花儿又有草，好看极了，快过来，在这儿照张相吧!

(6) 你们学校的学生还没有＿＿＿＿＿学校的学生多。

7. 阅读下面短文，然后复述：

认 字

父亲教儿子认字（认识汉字），先在纸上写个"一"字教给他，儿子马上就会了。父亲很高兴。

第二天吃完早饭，父亲又用手指在桌子上写了个"一"字，让儿子认，儿子却不认识了。父亲说："这不是昨天教的'一'字吗？怎么不认识了？"

儿子回答说："只过了一个晚上，我哪儿知道它会长这么大呢？"

（复述时必须用上"不是…吗"、"哪儿…呢"）

不 满 意 (mǎnyì, satisfaction)

有个人在路上遇到了一个神仙，这个神仙以前是他的老朋友。他告诉神仙，现在他的情况越

28

来越不如以前，生活很困难。神仙一听，就把路旁边的一块小石头用手一指， 变 (biàn, to become) 成了金子 (jīnzi, gold)，给了他。这个人得了金子，还不满意。神仙又用手一指，把一块大石头，变成了金子，又给了他。这个人还是不满意。神仙问他：“怎么样你才满意呢？”

这个人回答说：“我想……我想要你的手指。”

（复述时必须用上“不如”、“一…就…”、“怎么样…呢”）

可　笑

有个瞎子 (xiāzi, blind man)，跟很多人坐在一起。那些人看见一件可笑的事，就都大笑起来。瞎子听见别人笑，自己也大笑。有人问他：“你又看不见，你笑什么呢？”瞎子说：“咱们都是朋友，你们觉得可笑的事，一定非常可笑，所以我也笑了。”

（复述时必须用上“…就…”、“又”、“咱们”）

第六十一课

一、课文

一篇日记

1979年9月11日　　　星期二　　　晴

　　飞机慢慢儿地落下来了。我的心跳得更快了，终于到了中华人民共和国的首都——北京。两年以前，我就很希望能有机会来中国学习。今天我的理想实现了，心里怎么能不激动呢?

　　一下飞机，我们就受到中国朋友的热烈欢迎，有人还用我们祖国的语言跟我们说:"你们好，欢迎你们! 路上辛苦了，坐这么长时间的飞机，一定很累吧! "我们对中国朋友的关心表示感谢。我说:"我们谁都愿意快一点儿到北京，虽然有一点儿累，但是很高兴。"

　　在去学校的路上，中国朋友指着路两边的建筑告诉我们，这是各国大使馆，那是友谊商店，这座楼是国际俱乐部，那座楼是北京饭店……

　　汽车经过天安门广场的时候，我一看就喊了

出来：“这不是天安门吗？”以前我只在画报上看见过，今天见到真的天安门了，我觉得她很壮丽，很雄伟。我多么想下车看一看啊！中国朋友介绍说，广场北边是天安门城楼，中间是人民英雄纪念碑，南边是毛主席纪念堂，东边是中国革命博物馆和中国历史博物馆，西边是人民大会堂。他们还说，过几天一定带我们来这里参观。

到了学校，洗完澡，吃完饭，回到宿舍以后，我心里想，从今天起，我就要在中国生活、学习了。在中国生活将会怎么样呢？我想一定会很有意思的。

二、生　词

1. 日记	（名）	rìjì	diary
2. 晴	（形）	qíng	fine, clear
3. 落	（动）	luò	to fall, to go down, to set
4. 终于	（副）	zhōngyú	finally, in the end
5. 机会	（名）	jīhuì	chance, opportunity
6. 理想	（名、形）	lǐxiǎng	ideal, idealistic
7. 实现	（动）	shíxiàn	to realize, to come true
8. 激动	（动）	jīdòng	to excite, to be excited, to be moved

9. 祖国	（名）	zǔguó	motherland
10. 表示	（动）	biǎoshì	to show, to express, to extend
11. 感谢	（动）	gǎnxiè	to thank
12. 愿意	（能动）	yuànyì	to be willing
13. 建筑	（名、动）	jiànzhù	building, architecture
14. 壮丽	（形）	zhuànglì	magnificent, majestic
15. 雄伟	（形）	xióngwěi	grand, imposing, magnificent
16. 多么	（副）	duōme	how
17. 城楼	（名）	chénglóu	city-gate tower, here: rostrum
18. 英雄	（名）	yīngxióng	hero, heroine
19. 纪念	（动、名）	jìniàn	to commemorate, to mark, commemoration
20. 碑	（名）	bēi	monument
21. 主席	（名）	zhǔxí	chairman
22. 革命	（名、动）	gémìng	revolution, to make revolution
23. 博物馆	（名）	bówùguǎn	museum
24. 这里	（代）	zhèlǐ	here
25. 洗澡		xǐ zǎo	to take a bath

26. 将　　（副）jiāng　　　　shall, will, to be going
to, to be about to

专　名

1. 人民英雄纪念碑　Rénmín Yīngxióng Jìniàn Bēi
the Monument to the People's
Heroes
2. 毛主席纪念堂　　Máo Zhǔxí Jìniàntáng
Chairman Mao Zedong Memoria!
Hall
3. 中国革命博物馆　Zhōngguó Gémìng Bówùguǎn
Museum of Chinese Revolution
4. 中国历史博物馆　Zhōngguó Lìshǐ Bówùguǎn
Museum of Chinese History
5. 人民大会堂　　　Rénmín Dàhuìtáng
the Great Hall of the People

三、词 语 例 解

1. 终于

"终于"表示经过努力、等待或种种变化以后，最后取得的
结果或出现的情况，一般用于主语之后。例如：

"终于" indicates that one achieves his goal or attains his
aim only after having made great efforts or a long wait or other
setbacks. It usually comes after the subject, e.g.

33

(1) 经过大家的认真讨论和研究，问题终于解决了。

(2) 今天我终于看到了长城。

(3) 三天以后，接上的断指终于复活了。

2. 有人还用我们祖国的语言跟我们说

副词"还"还可以表示更进一层或有所补充。例如：

The adverb "还" also means "even, moreover" or "in addition", e.g.

(1) 我有病的时候，他每天来看我，还照顾我喝水、吃饭，帮助我洗衣服。

(2) 他给我们介绍了天安门广场上的建筑，还说要带我们去那里参观。

(3) 我明天进城去买东西，还想去看一个朋友。

3. 表示

"表示"意思是用言语或行为显示出某种思想、感情、态度等。例如：

"表示" indicates that one expresses his ideas, feelings or attitude towards something either in words or actions, e.g.

(1) 我们对来我们学校参观访问的各国青年代表团表示热烈欢迎。

(2) 他表示：一定要很好地完成领导交给他的任务。

(3) 愚公对家里人说要把那两座山搬走，他的儿子、孙子们听了，都表示赞成。

4. 我们谁都愿意快一点儿到北京

疑问代词的另一种活用法是用在陈述句中表示任指，用来代替任何人或任何事物，强调没有例外。后边常有"都"或"也"和它呼应。例如：

Another non-interrogative usage of the interrogative pronouns is that they can express an arbitrary denotion in declarative sentences. An interrogative pronoun thus used stands for any person or thing, emphasizing that there is no exception. Note that there is often "都" or "也" to go with it, e.g.

(1) 我们谁都想参观那个展览会。

(2) 我们什么困难也不怕。

(3) 他们的宿舍哪个房间都很干净。

(4) 你怎么作都可以，我没有意见。

5. 这不是天安门吗

在谓语中用上"不是…吗"表示反问，用来强调肯定的意思。例如：

"不是…吗" is a kind of rhetorical question. When used in the predicate, "不是…吗" stresses the affirmation of a statement, e.g.

(1) 你不是看了那个展览会了吗？ 给我们介绍介绍吧。

(2) 这个句子不是很容易吗？ 他为什么翻译
错了呢？

在"是"字句中只用"不…吗"。例如：
In a "是" sentence, however, only "不…吗" is used, e.g.

(3) 不要找了，这不是你的本子吗？

6. 我想一定会很有意思的

语气助词"的"用在陈述句的末尾，表示肯定的语气。有时谓语中有"会"、"要"等能愿动词。例如：

The modal particle "的", when used at the end of a declarative sentence, gives an affirmative tone. There may be an optative verb such as "会" or "要" in the predicate sometimes, e.g.

(1) 这件事情他知道的。

(2) 别着急，她一定会帮助你的。

(3) 我去请他的时候，他说他要来的。

四、练 习

1. 熟读下列词组并扩展成句子：

例：写日记

我每天晚上都写日记。

表示感谢	人民英雄	学习的机会
表示赞成	革命战士	纪念活动
非常激动	雄伟的建筑	建设祖国
终于实现		

2. 用"终于"完成句子：

    (1) 工人们紧张地劳动了一天，这架机器 _____。

    (2) 经过一年的学习，我们_____。

    (3) 用了两个月的时间，我_____ 这本书。

    (4) 开始学习的时候，我虽然觉得比较难，_____

    (5) 我忘了他住在什么地方了，问了几个人，_____。

    (6) 我很早就希望看看长城，_____ _____。

    (7) 愚公一家每天挖山，_____派神仙把山背走了。

3. 把"还"加在下面句子适当的地方：

    (1) 在路上，中国朋友跟我们谈话，给我们介绍路两边的建筑。

    (2) 他会打篮球，会踢足球，会打乒乓球。

    (3) 昨天晚上我看了一个电影，洗了澡，复习了课文。

    (4) 彼得的手指接好了，他用接好的手指给中国朋友绣了一件珍贵的礼物。

(5) 他每天和中国同学说汉语，用中文写日记。

4. 完成句子（用疑问代词活用法）：

(1) 那个工业展览会非常好，＿＿＿＿＿＿＿＿＿＿＿。（谁）

(2) 村（子）里村（子）外，天天都有人扫，＿＿＿＿＿＿＿＿。（哪儿）

(3) 这个商店很大，＿＿＿＿＿＿＿＿＿。（什么）

(4) 我们班的同学＿＿＿＿＿＿＿＿这次排球赛。（谁）

(5) 这些寓言故事都很有意思，＿＿＿＿＿＿＿＿。（哪个）

(6) 这件衣服太小了，＿＿＿＿＿＿＿＿＿。（怎么）

(7) ＿＿＿＿＿＿＿＿都可以，我在家里等你。（什么）

(8) 我的理想终于实现了，用＿＿＿＿＿＿＿也说不出我是多么激动。（什么）

5. 用"不是…吗"改写下列带有横线的句子：

(1) 你会中文，请你翻译这篇文章吧！

(2) 那个大夫会治这种病，你请他看吧。

(3) 你去过人民大会堂，你给我们介绍介绍吧。

(4) 你看，那是历史博物馆！

(5) 你找谢力？看，他在那儿打球呢。

(6) 飞机落下来了，第一个走下飞机的是彼得。

6. 用语气助词"的"完成句子：

(1) 大夫对他说："你不要急，你的病_____。"

(2) 学习一种外语，虽然不是一件容易的事，但如果认真、努力，_____。

(3) 那个公社的社员说："咱们学习愚公移山的精神，_____。"

(4) 这本寓言故事不太难，你_____。

(5) 我们建设祖国的理想_____。

7. 阅读下面的短文并复述：

写日记有下边三个好处（hǎochù, advantage）：

(1) 能帮助自己进步。每天把工作和学习方面的好经验写下来，可以让自己更有信心努力学习，把工作作好。如果有的地方作得不对，也可以检查一下，立刻改过来。这样自己就进步得更快了。

（2）一天工作很多，工作很忙，要是有什么事情想不起来怎么办呢？那么就可以查一查日记。

（3）写日记还有一个好处就是可以练习写文章。有人说写日记跟写文章一样，这话很对。因为写得多了，写文章的能力也就提高了。

第 六 十 二 课

一、课 文

送 给 孩 子 们 吃

时间：一九一八年一个晴朗的早晨。

地点：列宁的办公室。

人物：列宁。女秘书。老渔民。

布景：列宁的办公室里，一张长桌子，两把
　　　椅子。桌子上放着很多文件，还有一
　　　块黑面包，一台电话机。墙上挂着一
　　　张地图。

〔开幕的时候，列宁坐在桌子旁边吃早点。女秘书
进来。

女秘书：列宁同志，有个管理渔业的老渔民要见
　　　　您。

列　宁：请他进来。

　　　　〔女秘书出去。老渔民进来。老渔民手里拿着
　　　　一包东西。

老渔民：您好，列宁同志！

列　宁：谢谢您。请坐，请坐。

老渔民：有件事想跟您谈谈。

列　宁：好，请坐下谈。

老渔民：政府要我们发展渔业，这当然很好。可是困难很多，让人着急啊！

列　宁：别着急，有什么困难，政府一定帮您解决。

老渔民：渔船不够。有些船坏了，需要修理。现在的困难就是没有钱。

列　宁：请放心！国家现在虽然有困难，但是发展渔业的钱已经准备好了。

老渔民：（停了一下，看看桌子上的黑面包）啊，列宁同志，您怎么也吃黑面包？

列　宁：（笑了笑）现在全国人民生活都很困难，有人连黑面包也吃不上。

老渔民：列宁同志，我要送点儿东西给您。（打开包）这条鱼请您收下吧！

列　宁：这……我不能收。

老渔民：我特地带来送给您的，请您一定收下。

列　宁：不，我不能收。您想，现在全国人民都吃得很差，我怎么能一个人吃好的呢？

老渔民：不能这么说。列宁同志，您领导我们，

为大家服务，辛苦得很，应该注意身体
呀。无论如何要收下。

〔列宁叫女秘书进来。

列　宁：这么办吧。（对女秘书）请您把这条鱼
送到幼儿园去，给孩子们吃。

女秘书：是。（拿了鱼走出去）

列　宁：同志，我代表孩子们向您表示感谢!

老渔民：（感动得说不出话来。过了一会儿）我要回
去了。

列　宁：回去以后，希望您团结大家，努力工作。
有什么困难，政府一定帮助解决。不过
以后再来，千万别带礼物给我。

老渔民：（紧紧地握住列宁同志的手）列宁同志，
我一定努力工作。再见!

二、生　词

1. 送　　（动）　sòng　　to give, to give as a present, to send

2. 晴朗　　（形）　qínglǎng　fine, sunny

3. 早晨　　（名）　zǎochén　morning

4. 地点　　（名）　dìdiǎn　place

5. 人物　　（名）　rénwù　character

6.	秘书	（名）	mìshū	secretary
7.	渔民	（名）	yúmín	fisherman
8.	布景	（名）	bùjǐng	scene
9.	文件	（名）	wénjiàn	document
10.	电话机	（名）	diànhuàjī	telephone set
11.	开幕		kāi mù	the curtain rises
12.	早点	（名）	zǎodiǎn	breakfast
13.	管理	（动）	guǎnlǐ	to manage, to run
14.	渔业	（名）	yúyè	fishery
15.	政府	（名）	zhèngfǔ	government
16.	渔船	（名）	yúchuán	fishing boat
17.	够	（动）	gòu	to be enough
18.	需要	（动、名）	xūyào	to need, need
19.	鱼	（名）	yú	fish
20.	收	（动）	shōu	to accept, to receive
21.	特地	（副）	tèdì	specially, particularly
22.	差	（形）	chà	poor, not up to standard
23.	服务	（动）	fúwù	to serve
24.	呀	（叹）	yā	*an interjection*
25.	无论	（连）	wúlùn	no matter
26.	如何	（代）	rúhé	how, what

27. 不过　（连）　búguò　　but, however, only

28. 千万　（副）　qiānwàn　　be sure

专　名

列宁　　　　Lièníng　　Lenin

三、词 语 例 解

1. 有人连黑面包也吃不上

"上"作结果补语有时表示达到某种不易达到的目的。例如：

As a complement of result, "上" sometimes indicates that one has attained a goal which is hard to attain, e.g.

(1) 解放以后，劳动人民都过上了幸福生活。

(2) 现在这个村子里的农民都住上了新房。

"上"也可以在前面加上"得"或"不"构成可能补语。例如：

A potential complement can be formed by adding "得" or "不" before "上", e.g.

(3) 解放以前，她哪儿穿得上这么好的衣服呢？

(4) 想看足球的人真多，我们可能买不上票。

45

2. 特地

"特地"表示专门为某件事。例如：

"特地" indicates that someone does something for a special purpose, e.g.

(1) 她知道病人喜欢吃鱼，所以特地买了两条活鱼送来。

(2) 我朋友要回国了，我是特地来送他的。

3. 辛苦得很

"很"作程度补语，表示程度很高，多用在形容词后，或少数可受"很"修饰的动词之后。例如：

"很", as a complement of degree, shows a very high degree or extent. It mostly comes after adjectives or a few verbs that can be qualified by "很", e.g.

(1) 到中国以后，看中国话剧、电影的机会多得很。

(2) 天气非常晴朗，从飞机上往下看，山、水、城市……都清楚得很。

(3) 那位老人喜欢他的孙子吗？

——喜欢得很！

4. 无论如何要收下

"无论如何"就是"无论怎么样"，意思是在任何条件下（都是如此）。例如：

"无论如何" is exactly the same as "无论怎么样", meaning "under any circumstances", e.g.

(1) 无论如何这个星期我们也要把任务完成。

(2) 今天将有大风，渔船无论如何不能出海。

5. 感动得说不出话来

复合趋向补语"出来"还可以表示通过动作使人或事物出现或显露。这是一种引申用法。例如：

The compound directional complement "出来" can also show that a person or thing appears or becomes visible through the action indicated by the verb. This is an extended usage, e.g.

(1) 今天考试，我有两个句子没写出来，安娜都写出来了。

(2) 怎么解决这个问题，你想出办法来了吗？

"出来"前加上"得"或"不"就构成可能补语。例如：

A potential complement can be formed by adding "得" or "不" before "出来", e.g.

(3) 这几个问题比较容易，连新同学也回答得出来。

(4) 他太激动了，连话都说不出来了。

(5) 这台机器什么地方坏了？你检查得出来吗？

6. 千万

"千万"表示恳切叮咛，意思是"一定要怎么样"、"必须怎么样"。多用在祈使句里。例如：

"千万", mostly used in imperative sentences, means "be sure to . . ." or "urge again and again", implying "一定要怎么样" or "必须怎么样", e.g.

(1) 请你把这个通知交给他，千万别忘了。

(2) 他在信里说，让我千万注意身体。

(3) 你到了那里千万给我打个电报来。

四、练 习

1. 用括号里的动词加结果补语（或可能补语）"上"完成句子：

(1) 列宁对老渔民说："要是你们渔民也 _____，我怎么能一个人吃这条鱼呢？"（吃）

(2) 为了让战士们天冷的时候，都 _____ _____，车间的工人每天都紧张地工作。（穿）

(3) 以前这些农民住的都是很小的草房子，现在_____，当然非常高兴。（住）

(4) 儿子结婚的那天，王大娘看着这对年轻人，心里想："我们年轻的时候，哪儿 _____啊！"（过）

(5) 这个新话剧，观众非常欢迎。我去买票买了三、四次，都_____，所以到现在我还_____。（买，看）

2. 用"无论如何"完成句子：

    (1) 这些渔船坏了，但是明天就要用，_____

        _____。

    (2) 老渔民特地给列宁送来一条鱼，_____

        _____。

    (3) 我们在北京只有两天的时间了，我想

        _____。

    (4) 我非常需要这本字典，_____。

    (5) 医生对轧断手指的彼得说："请你放心，

        _____。"

    (6) 你干活已经干了一天，非常辛苦，___

        _____。

3. 用下面的词组造句：

    例：东西　　准备出来

      旅行要带的东西，我已经准备出来了。

    (1) 文章　　写出来

    (2) 话　　　说出来

    (3) 问题　　回答出来

    (4) 办法　　讨论出来

    (5) 意见　　谈出来

    (6) 意思　　表示出来

4. 从下列短语中选择适当的填入短文:

连黑面包也吃不上

没有办法

用力握着列宁的手

没时间吃早点

过来跟列宁握手

不知道说什么好

连休息的时间也没有

一个晴朗的早晨,列宁走进自己的办公室。他的工作非常多,常常忙得_____。他一边吃着黑面包,一边看文件。这时候女秘书告诉列宁,有个老渔民要见他。列宁立刻让她请老渔民进来。

老渔民见到列宁,高兴得立刻_____。列宁请老渔民坐下,问他有什么事。老渔民对列宁说,渔民们有不少困难,渔船不够,坏了的渔船需要修理,大家都很着急,急得_____。列宁安慰了一下老渔民,告诉他,发展渔业的钱,政府已经准备好了。老渔民这才放了心。

老渔民看到列宁也吃黑面包,就关心地问:"您也吃黑面包吗?"列宁告诉他,现在全国人民生活条件都很差,有人困难得_____。能有黑面包吃,就很不错了。

50

老渔民打开包，拿出一条鱼来，一定要让列宁收下。列宁不收。老渔民说："您为大家服务，这么辛苦，有时候忙得＿＿＿＿＿＿＿。您无论如何要收下这条鱼。"

列宁没有办法，只好收下鱼，但是他让女秘书把鱼送到幼儿园，送给孩子们去吃了。列宁还代表孩子们，感谢老渔民。老渔民感动得＿＿＿＿＿＿＿。列宁希望老渔民回去以后，团结大家，努力工作。老渔民激动得＿＿＿＿＿＿＿说："我一定努力工作！"

5．用汉语解释下列句子中划线的词：

(1) 用打字机打英文，比用笔写快。

(2) 有了洗衣机，洗衣服比以前方便多了。

(3) 为了更快地发展工业、农业，商业也需要发展。

(4) 下了课，我们去饭馆吃饭。一进门，服务员立刻过来，请我们到里边坐。

(5) 他们都是到这儿来学习技术的学员，这几位是这儿的教员。

(6) "请问，第二展览室在什么地方？"
"你到那边服务部去问吧。"

6. 阅读下面短文，然后复述（复述时必须用上短文后括号内的词语）：

冬天，刮着大风，下着大雪，天气冷得很。列宁还是穿着他那件旧大衣。这件大衣，列宁穿了很多年，已经旧得看不出来是什么颜色了。有个同志对列宁说：

"列宁同志，您这件大衣太旧了。天气这么冷，穿这件旧大衣，会感冒的。我找人给您作一件新的吧。"

"不，"列宁回答说，"你们的大衣也不新，大家不是都一样冷吗？现在全国人民生活都比较困难，有的人连旧大衣都穿不上，怎么能特地给我作新的呢？"

后来，革命胜利（shènglì, victory）了，列宁还穿着那件旧大衣。那位同志看看列宁的旧大衣，对列宁说：

"列宁同志，现在您应该换一件新大衣了吧！您工作这么辛苦，千万要注意身体。您要是再穿这件旧大衣，会把身体冻（dòng, to freeze）坏的。您无论如何也要换一件新大衣。"

列宁笑着说："同志，你是不是这样想，觉得革命胜利了，不应该穿得象以前那么差了。不错，革命是胜利了，可是我们还要建设。钱应该用在最需要的地方。衣服旧一点儿，又有什么关系呢？”

那位同志听了，感动得说不出话来。

（…得很、旧得…、看不出来、特地、穿不上、千万、无论如何、穿得…、感动得…）

第六十三课

成 语 故 事

（一）画蛇添足

从前有几个人得到一壶酒。这壶酒只够一个人喝，到底给谁喝呢？半天决定不了。有一个人提议说：

"我们每个人都在地上画一条蛇。谁先画完，这壶酒就给谁喝。"

大家都同意这个办法，就拿树枝在地上画起来。

有一个人很快就把蛇画好了。他看看别人，还都没画完，就左手拿起酒壶，右手拿着树枝，得意地说：

"你们画得多慢哪！我还能给蛇添上几只脚。"

当他正在给蛇画脚的时候，另一个人已经把蛇画完了，就把酒壶抢过去，说：

　　"蛇是没有脚的，你现在给它添上了脚，就不是蛇了。因此，第一个画完蛇的是我，不是你呀！"

（二）拔苗助长

　　有个性急的人，种了几亩田。他希望田里的苗快一点儿长，可是苗长得不象他想的那么快。

　　有一天，他忽然想出个"好"办法，就急急忙忙跑到田里，把每棵苗都往上拔了拔。回过头来再看看苗，的确比原来高了不少，心里十分高

兴。回到家里，他对家里人说：

"我辛辛苦苦干了一整天，真累呀！不过，一天的工夫，地里的苗都长高了很多。"

他的儿子听了，感到很奇怪，连忙跑到田里去看。哪知道田里的苗都死了！

二、生 词

1. 成语　　（名）　chéngyǔ　　idiom, set phrase
2. 画　　　（动）　huà　　　　to paint, to draw
3. 蛇　　　（名）　shé　　　　snake
4. 添　　　（动）　tiān　　　　to add, to append
5. 足　　　（名）　zú　　　　　foot
6. 从前　　（名）　cóngqián　　before, formerly, once upon a time
7. 壶　　　（名）　hú　　　　　pot
8. 酒　　　（名）　jiǔ　　　　wine
9. 到底　　（副）　dàodǐ　　　after all, at last
10. 半天　　（名）　bàntiān　　(for) a long time, half a day
11. 了　　　（动）　liǎo　　　　to end up
12. 提议　　（动）　tíyì　　　　to propose, to suggest
13. 树枝　　（名）　shùzhī　　　twig, tree branch
14. 别人　　（代）　biérén　　　other people, others
15. 左　　　（名）　zuǒ　　　　left
16. 右　　　（名）　yòu　　　　right
17. 得意　　（形）　déyì　　　　elated, exulting, pleased with oneself
18. 哪　　　（助）　na　　　　　*a modal particle*
19. 另　　（形、副）lìng　　　　another, other
20. 因此　　（连）　yīncǐ　　　hence, therefore, thus

21.	苗	（名）	miáo	seedling, sprout
22.	性急	（形）	xìngjí	impatient, short-tempered
23.	种	（动）	zhòng	to grow, to plant
24.	田	（名）	tián	field, farm
25.	象	（动）	xiàng	to resemble, to be like, to take after
26.	急忙	（形）	jímáng	hurried, in a hurry, in haste
27.	棵	（量）	kē	*a measure word*
28.	回头		huí tóu	to turn one's head
29.	的确	（副）	díquè	indeed, really
30.	原来	（名、副）	yuánlái	original, former, originally
31.	十分	（副）	shífēn	very, extremely
32.	整	（形）	zhěng	whole
33.	工夫	（名）	gōngfu	time
34.	感到	（动）	gǎndào	to feel
35.	奇怪	（形）	qíguài	strange, queer
36.	连忙	（副）	liánmáng	promptly, immediately

三、词 语 例 解

1. 这壶酒只够一个人喝

"够"表示数量可以满足需要，可以单独作谓语。例如：

58

"够" means sufficient in quantity, functioning as the predicate by itself, e.g.

(1) 纸够吗？我这儿还有。

(2) 时间不够了，咱们赶快坐车去吧。

"够" 也可以带上动词、动词结构、主谓结构等充任的宾语，具体指出满足需要的方面。例如：

"够" can also take after it an object made of a verb, verbal construction or subject-predicate construction to point out in which respect something satisfies one, e.g.

(3) 我常常觉得时间不够用。

(4) 药只够吃一次了，下午你还应该去医院看病。

(5) 这些书够你看一个月吗？

有时"够"还表示达到某一标准或程度。例如：

Sometimes "够" indicates something comes up to certain standard or reaches a certain degree or extent, e.g.

(6) 我现在还不够技术员的水平。

(7) 那条路够不够宽？汽车开得过去吗？

2．到底

"到底"作状语有两个意思：

Used as an adverbial adjunct, "到底" carries the following two meanings:

A．表示深究。用在正反、选择或用疑问代词的疑问句里。要注意的是：答句中不能再重复"到底"。例如：

To ask for a definite final answer. In this sense, it usually occurs in an affirmative＋negative question, an alternative

59

question or a question with an interrogative pronoun. What should be borne in mind is that, in answers, it is unnecessary to repeat "到底", e.g.

(1) 他昨天说放假以后去旅行，今天说不去了，你问问他到底去不去？

(2) 昨天的那场球赛，到底谁赢了？
——我们赢了。

(3) 老张买的电视机到底是彩色的还是黑白的呀？
——是彩色的。

B. 表示"终于"的意思。例如：

To mean "终于" (in the end or at long last), e.g.

(1) 虽然用了不少时间查字典，我到底把那本成语故事看完了。

(2) 大夫们想了很多办法，到底把病人的断指接上了。

3. 半天决定不了

"了"作可能补语，可以表示"能"。例如：

When used as a potential complement, "了" means either "能", e.g.

(1) 明天早晨六点钟，你来得了来不了？

(2) 那个同志能力很强，这些事情他怎么会管理不了呢？

也可以表示"完"。例如：

Or "完", e.g.

（3）这些瓶汽水，她一个人喝不了。

（4）他一个暑假看不了这么多书。

4. 谁先画完，这壶酒就给谁喝

疑问代词的另一种活用法就是用在复句中表示特指。这时，在第二分句里，要重复第一分句出现的疑问代词，还要用上副词"就"。例如：

An interrogative pronoun can also be used in a declarative sentence to denote a definite person or thing. This is a non-nterrogative usage of interrogative pronouns. In this sense, the interrogative pronoun is, as a rule, used in the first clause of a compound sentence, and the same interrogative pronoun must be repeated in the second clause where the adverb "就" should be used in the same clause, e.g.

（1）哪儿工作需要，我们就到哪儿去。

（2）你什么时候来，我们就什么时候讨论。

如果两个句子都比较简短，而且在结构上对称，"就"也可以省略。例如：

"就" can be omitted especially when the two clauses are quite simple and symmetric structurally, e.g.

（3）有什么意见，（就）提什么意见吧。

（4）我怎么念，你们（就）怎么写。

有时第二分句不重复疑问代词，而用人称代词或指示代词。例如：

A personal or demonstrative pronoun is sometimes used instead of the repeated interrogative pronoun in the second clause, e.g.

(5) 谁的意见正确，大家就同意他的意见。

(6) 哪儿的困难最多，领导干部就应该到那
　　儿去。

5. 就拿树枝在地上画起来

复合趋向补语"起来"的一种引申意义，是用在动词或形容词后，表示动作或情况开始并且继续。例如：

One of the extended usages of the compound directional complement "起来" is to indicate the beginning of an action or a state of affairs and its continuation when it comes after a verb or an adjective, e.g.

(1) 听了这句话，大家都笑起来了。

(2) 天气慢慢地暖和起来了。

如果动词带宾语，宾语要放在"起来"的中间。例如：

If the verb takes an object, it should be inserted between "起" and "来", e.g.

(3) 代表团走进礼堂来了，大家立刻鼓起掌
　　来。

(4) 听到这个好消息，同志们都高兴得跳起
　　舞来了。

6. 你们画得多慢哪

语气助词"哪"是"啊"的变音。"啊"常受前一字韵母或韵尾的影响发生不同的音变。如：前一字的韵母或韵尾是 a、o、e、ê、i、u 时，读 ya（呀），前一字的韵母或韵尾是 u 或 ao、ou

我吃饭的工夫，他已经把要用的东西准备好了。

E．"工夫"还可以表示本领、造诣。常写做"功夫"。"时间"没有这种用法。例如：

"工夫" can also indicate one's skill or ability or attainments. In this sense, it is usually written as "功夫". "时间" cannot be used this way, e.g.

(1) 这个杂技演员真有功夫。

(2) 这位老人字写得非常好，功夫很深哪！

五、练 习

1．用带"够"的句子回答下列问题：

(1) 这些面包我们两个人吃怎么样？

(2) 前边的路马车过得去吗？

(3) 这块地种十棵树种得下吗？

(4) 你有没有时间？能不能帮我改一改这些句子？

(5) 你买的这些本子，能用多长时间？

(6) 这块布能作什么呢？

2．用"到底"完成句子：

(1) 这个成语故事_____，要不要再听一遍？

(2) 他的提议_____，快说说你的意见。

(3) 他的画儿_____，我们看了半天也没看出来。

(4) 彼得担心他的手指接不上，后来_____。

(5) 愚公想把家门口的两座山搬走，可是_____，他的妻子信心不大。

(6) 我很想看的那本书_____。

3. 用表示任指的疑问代词改写句子：

例：我们到最漂亮的公园去玩儿。

哪个公园最漂亮，我们就到哪个公园去玩儿。

(1) 你在你能来的时候来吧。

(2) 我请画得好的人画这张画儿。

(3) 苗长得好的田里，以后收的粮食一定多。

(4) 他准备到工作最需要的地方去。

(5) 你们把问题都提出来吧。

(6) 你需要借两本、三本、四本书都可以。

4. 给下列句子中的"啊"注上拼音，并朗读：

(1) 这些成语故事多有意思啊（　　　）！我很喜欢读。

(2) 这块田里的苗长得多高啊（　　　）！

(3) 性急的人看到拔过的苗的确长高了，心里多得意啊（　　　）！

(4) 这个字他添得多好啊（　　　）！现在这句话的意思的确清楚多了。

(5) 他每天都工作到很晚,多辛苦啊( )!

(6) 他绣花绣得多专心啊( ),连有人走进屋都没听见。

5. 用括号里给的词语改写句子:

(1) 这个提议很好,大家一定会赞成。
（是…的）

(2) 如果你有困难,你告诉大家,大家会帮助你。（是…的）

(3) 他非常珍惜你送给他的那件礼物。
（是…的）

(4) 那个性急的人,把苗都拔高了一点儿,希望苗长得快一些。没想到,第二天苗都死了。（哪知道）

(5) 这壶酒哪儿够四个人喝啊!（是…的）

(6) 第一个画完蛇的人想,这壶酒一定是他的了。他正在给蛇添脚的时候,第二个人把酒壶抢了过去。（哪知道）

6. 用"起来"或"出来"填空:

(1) 一个人提议,大家都在地上画一条蛇,谁先把蛇画_____,谁就喝那壶酒。说完大家就都拿起树枝,在地上画_____蛇_____。

(2) 第一个画完蛇的人,正在给蛇添脚的时

候，第二个人喊＿＿＿＿：“我也把蛇画＿＿＿＿
了。蛇是没有脚的，你画的不是蛇，第一
个画完蛇的应该是我，不是你。”

(3) 那个性急的人，希望苗长得快一些。一
天，他想＿＿＿一个办法，就急急忙忙跑到
地里，用手把苗都拔高了一些。

(4) 他故事讲得多有意思啊，讲得大家都笑
＿＿＿＿了。

(5) 愚公一家决定搬山。第二天他们就一起干
＿＿＿＿。有个叫智叟的，听说愚公一家搬
山，就跑＿＿＿＿对愚公说：“你们想搬山，
真是太可笑了。”

(6) 他从桌子里拿＿＿＿＿纸和笔，就跟大家一
起，作＿＿＿＿练习＿＿＿＿了。

7. 阅读下面短文：

汉语的成语十分丰富。汉语里到底有多少成
语，很多人都说不清楚。比较常用的成语，词典
上就有三千多条。

说话或者写文章的时候，用一些成语，意思
会更清楚，人们也都喜欢听，喜欢看。有些成语，
是从一些历史故事、寓言故事来的，另一些是人
们按照语言习惯组成的。成语的字数不都是一样

的，但是四个字的最多。

我们学过的"画蛇添足"、"拔苗助长"两条成语，是从两个小故事来的。象这样的成语小故事，还有很多。从图书馆或者书店，就能借到或者买到成语故事书。

还有一些成语，象"人山人海"，是按照词的意思组成的。这条成语的意思是说，在一起的人非常非常多。例如："国庆节那天，公园里人山人海，大家都高高兴兴地庆祝节日。"

现在我们学的课文还不多，掌握的生词也比较少。以后我们学多了，掌握的词多了，将会遇到更多的成语。把学过的成语，遇到的成语，记在本子上，有工夫的时候，拿出来看一看，读一读，是很有意思的。

第六十四课

一、课 文

从 实 际 出 发

窗户外边有一棵苹果树，打开窗户就能看见。如果窗户外边根本没有苹果树，打开窗户能看见苹果树吗？当然不能。一定要存在着苹果树，我们才看得见。

窗户外边本来是有苹果树的，关上窗户，看不见了。能说窗户外边没有苹果树吗？当然不能。不论你看见没看见，苹果树还是在窗户外边。

窗户外边有没有苹果树，要根据实际情况判断，不能根据自己看见没看见判断。

这个道理很明白。可是有的人做事情，常常不从实际出发，不调查研究，只凭自己的主观愿望和想法。结果由于自己的想法跟实际情况不符合，事情不但做不好，有时反而会搞坏。

有这样一个故事：从前有个人丢了一把斧子，他怀疑斧子是他邻居的儿子偷走了。于是他就注意邻居儿子的行动，觉得他走路的样子，说话的声音，一举一动，都象一个偷斧子的。过了几天，他的斧子找到了。原来他上山砍柴的时候，把斧子丢在山上了。后来再看那个邻居的儿子，又觉得他走路的样子，说话的声音，都不象一个偷东西的人了。

那个丢斧子的人，没有经过调查研究，就以为斧子是他的邻居偷的，这当然是错误的。后来，他的斧子找着了，在事实面前，他的错误才得到纠正。

不论做什么事，都要从实际出发。只凭主观愿望，不调查研究实际情况，往往会犯错误。

二、生 词

1. 实际　（名、形）　shíjì　　reality, realistic
2. 根本　（名、形）　gēnběn　　foundation, root, basic, fundamental

3. 存在	（动）	cúnzài	to exist
4. 本来	（形、副）	běnlái	original, originally, at first
5. 不论	（连）	búlùn	no matter
6. 根据	（动、名）	gēnjù	to base on, basis, ground
7. 判断	（动）	pànduàn	to judge, to assess, to determine
8. 明白	（形、动）	míngbai	clear, apparent, obvious, to understand, to know
9. 做	（动）	zuò	to do
10. 调查	（动）	diàochá	to investigate
11. 凭	（动）	píng	to base on, to take as the basis, to rely on
12. 主观	（名、形）	zhǔguān	subjectivity, subjective
13. 愿望	（名）	yuànwàng	aspiration, desire
14. 想法	（名）	xiǎngfǎ	idea, thinking
15. 由于	（介）	yóuyú	because of, owing to, due to
16. 符合	（动）	fúhé	to conform, to be in keeping with
17. 不但	（连）	búdàn	not only
18. 反而	（副）	fǎn'ér	but, on the contrary
19. 搞	（动）	gǎo	to do, to make, to get

74

20. 斧子	（名）	fǔzi	ax
21. 怀疑	（动）	huáiyí	to doubt, to suspect
22. 偷	（动）	tōu	to steal
23. 于是	（连）	yúshì	hence, thereupon, as a result
24. 行动	（名、动）	xíngdòng	action, activity, to act
25. 样子	（名）	yàngzi	shape, manner
26. 一举一动		yì jǔ yí dòng	(of a person's) one and every move
27. 砍	（动）	kǎn	to chop
28. 柴	（名）	chái	firewood
29. 以为	（动）	yǐwéi	to think, to consider
30. 错误	（名）	cuòwu	mistake, error
31. 事实	（名）	shìshí	fact
32. 面前	（名）	miànqián	front, in the face of
33. 纠正	（动）	jiūzhèng	to correct, to redress
34. 往往	（副）	wǎngwǎng	often, usually
35. 犯	（动）	fàn	to commit, to make (a mistake)

三、词语例解

1. 根本

名词"根本"的意思是指事物的根源或最重要的部分，如"国家的根本"、"农业的根本"。形容词"根本"只能作定语，不能作谓语。例如：

75

As a noun, "根本" indicates the source or origin of a thing or its most important part, e.g. "国家的根本", "农业的根本". As an adjective, "根本" only serves as an attributive rather than the predicate, e.g.

(1) 解放以后，劳动人民的生活有了根本的变化。

(2) 认真调查研究是解决这个问题的最根本的方法。

"根本"最常见的是作状语，有三种意思：

"根本", however, mostly serves as an adverbial adjunct carrying the following three meanings:

A．是从头到尾、始终、全然的意思，多用于否定式，句中往往有"就"来表示强调。例如：

"始终" (from beginning to end) or "全然" (completely or entirely). In this sense, it is very often used before a negative word and there is usually the adverb "就" in the sentence to make it more emphatic, e.g.

(1) 我根本就不赞成他们提出的那个办法。

(2) 他根本没想到会出现这样的结果。

B．是从来、本来的意思。例如：

"从来" or "本来", e.g.

(1) 我根本没听说过这个寓言故事。

(2) 我根本没看过那个话剧，怎么能给你介绍它的内容呢？

C．是彻底、完全的意思。例如：

"彻底" or "完全", e.g.

事情已经根本解决了。

2．本来

形容词"本来"只能作定语，不能作谓语。意思是原有的。
例如：

As an adjective, "本来" means "original" and can only function as an attributive rather than the predicate, e.g.

(1) 这件衣服本来的颜色是蓝的，穿的时间长了，现在已经有点儿白了。

副词"本来"有原先、先前的意思，可以放在主语前，也可以放在主语后，能愿动词、否定词或其他副词都要放在"本来"之后。例如：

As an adverb, "本来" means "originally, formerly" or "previously, before". It can be placed either before or after the subject. The optative verb, negative word or other adverb, if there is any, should be placed after "本来", e.g.

(2) 他本来身体不好，经过一年多的锻炼，现在好多了。

(3) 本来我不想看这场球赛，后来听说是国家队和北京队比赛，我才决定去了。

(4) 她本来不会说法语，是后来学的。

3．不论

"不论"和"无论"意思一样。它后面常常用一个疑问形式的结构（如用疑问代词的或正反、选择等疑问式）来表示条件，意思是在哪种条件下，结果或情况都不会改变。句子里要有"都"、"也"等一类副词和它呼应。例如：

"不论" is exactly the same as "无论" in meaning. It is often followed by a question, which may be one with an interrogative pronoun, an affirmative + negative question or alternative question, to indicate a condition, implying that something remains the same as it is no matter what happens. It is usually accompanied by the adverb "都" or "也", e.g.

(1) 不论作什么工作，他都非常认真。

(2) 不论刮风还是下雨，他每天晚上都来我家帮助我学习。

(3) 不论忙不忙，他每天都要看一小时报。

(4) 不论天气多么冷，路多么远，我们也一定要去看他。

4. 由于

"由于"是介词，表示原因，多用于书面语。它的宾语多是动词、动词结构，也可以是主谓结构等。"由于…"多放在主语之前。例如：

"由于" is a preposition to show the cause or reason of a thing or an event. It mostly occurs in written language. The object of "由于" may be either a verb or a verbal or subject-predicate construction. The construction "由于…" is more often than not used before the subject, e.g.

(1) 由于同志们的热情帮助和他自己的努力，不到一个月的时间，他就掌握了这种技术。

(2) 由于有了正确的领导，建设事业就会更快更好地发展。

(3) 由于天气不好，飞机今天停飞。

5．反而

"反而"表示：在某种条件下应产生某种结果，如果产生的结果与此相反，就可以用"反而"。"反而"不能用在主语前，只能用在谓语中要修饰的成分之前。例如：

"反而" is used when something has turned out to be contrary or opposite to the result a certain condition ought to have brought about. It can only be placed before what is to be qualified in the predicate of the sentence but not before the subject, e.g.

(1) 春天到了，怎么反而下起雪来了。

(2) 老丁住得最远，可是他反而先到了。

有时前一分句是"不但没有（不）…"，后一分句用"反而"表示更进一层，以至达到相反的情况。例如：

Sometimes the construction "不但没有（不）…" is used in the first clause of a compound sentence and "反而" is used in the second clause to indicate that the condition not only failed to produce the expected result, but brought about a contrary one, e.g.

(3) 雨不但没有停，反而越下越大了。

(4) 她到了那儿不但没有病倒，身体反而越来越好了。

6. 搞

"搞"可以代替很多动词，它的具体意义决定于上下文，但主要有"做"、"干"、"研究"、"办"等意思。它的宾语很少是单音节的。例如：

"搞" can stand for a lot of verbs. It's up to the context to decide its exact meaning, and the main ones are "做", "干", "研究" and "办". Its objects are rarely monosyllabic words, e.g.

(1) 他是搞古代汉语的。

(2) 你们最近在搞什么科学研究呢？

(3) 你先把句子的意思搞清楚，然后再翻译。

(4) 工人同志说："我们一定要把生产搞上去！"

有时有设法获得的意思。例如：

Sometimes "搞" means "to try to get", e.g.

(5) 你搞到足球票了吗？

——搞到了两张。今天晚上咱们一起去吧！

(6) 你能不能搞一点儿热水来？

7. ……一举一动，都象一个偷斧子的

"的"可以用来构成"的"字结构，指某一种人，有时是指从事某种工作的人，特别是"的"前是动宾结构的。例如：

"的" can be used to form a "的" construction, meaning "the person who … ". Sometimes such a construction refers to a person who is engaged in doing some job, especially when "的" is combined with a verb-object construction, e.g.

80

(1) 我父亲和我母亲都是教书的。

(2) 她是卖东西的，我是买东西的。

(3) 我天天坐这辆车上学校，所以开车的和卖票的都认识我了。

要注意的是，这是一种不客气的说法，所以在直接称呼别人时一般不用它。

What should be borne in mind is that, in the examples above, "教书的" and "卖东西的" etc. are casual expressions. They are not usually used to address people, for they sound a bit impolite or rude.

8. 又觉得他……不象一个偷东西的人了

"又"在这里表示转折的语气，有时前面还可以用上"可是"、"但是"、"不过"或"却"等。例如：

"又" in the text expresses a mild tone of contrast. In this usage, it can sometimes be preceded by a conjunction such as "可是", "但是", "不过" or "却" etc., e.g.

(1) 他以前很喜欢照相，怎么现在又不喜欢了？

(2) 他昨天还同意作手术，今天却又不同意了。

9. 以为

"以为"表示对人或事物做出某种推断，它的宾语多是动词结构、形容词结构或主谓结构等。如果宾语较长，"以为"后面可以有停顿。例如：

"以为" indicates the estimate or judgement one forms of a person or thing. Its object is usually a verbal construction, an adjective construction or a subject-predicate construction. There can be a comma after "以为" to show a pause if its object is a long one, e.g.

(1) 要掌握好一种外语，我以为应该多听、多说、多读、多写。

(2) 我们以为，这件送给中国人民的礼物是十分珍贵的。

"以为" 更常表示：事后发现做出的推断是与事实不符的。例如：

"以为" also indicates that one finds his estimate or judgement was proved incorrect or wrong afterwards, e.g.

(3) 我以为他们两个人以前不认识，原来他们早就是朋友了。

(4) 大家都以为他会来得比较晚，哪知道他比谁都来得早。

四、近义词例解

1. 根据 按照

"根据" 是动词，也是名词。动词"根据"常带上宾语在句中作状语， 表示把某种事物作为结论的前提或语言、 行动的基础。例如：

"根据" is a verb, and a noun as well. As a verb, "根据" often takes an object and serves as an adverbial adjunct, indicating that one takes something as a premise from which he draws a certain conclusion or as a basis of his words or actions, e.g.

(1) 根据群众的报告，我们分析那个坏人还没有逃走。

(2) 根据调查研究的结果，我们决定立刻举行一次座谈会，请各方面的代表参加。

"按照"是介词，它也有上述的意思，但偏重于以某事物为根据，照着进行的意思。例如：

"按照" is a preposition and has the same meaning as that mentioned above, but what it emphasizes is that one does something according to what he is told or instructed, e.g.

(3) 这件事要按照文件里写的那样办。

(4) 田忌按照他朋友想出的方法和齐王赛马，结果，两场都赢了。

有时，"根据"的宾语，是指某个消息或资料的来源，"按照"很少这样用。例如：

Sometimes the object of "根据" refers to the source or origin of certain information or data, but "按照" is seldom used in this way, e.g.

(5) 这个话剧是根据同名小说改写的。

"根据"还是名词，可以指作为根据的事物，"按照"没有这种用法。例如：

As a noun, "根据" means "ground" or "basis", "按照" has no such meaning, e.g.

(6) 他说的话是有科学根据的。

2. 靠 凭

"靠"和"凭"比较，有下列几点：

Following are the differences between "靠" and "凭"：

A．"靠"有倚着的意思。例如：

"靠" means "to lean against or on", e.g.

(1) 他靠着那棵苹果树站着。

(2) 他把剑靠在桌子旁边。

"凭"也有这个意思，但只用于书面语。如："凭窗远望"。

"凭" means the same only when it is used in written language, as in "凭窗远望".

B．"靠"有挨近的意思，"凭"没有。例如：

"靠" means "to be near or close to", but "凭" does not carry such meaning, e.g.

(1) 这个村子，东边、西边、北边都靠山。

(2) 汽车来了，靠边走!

C．"靠"有依靠的意思，"凭"也有，但"凭"的侧重点在于做某事必须借助于某种条件。因此宾语指人时,多用"靠"。例如：

"靠" means "to depend on" or "to rely on", so does "凭", but "凭" emphasizes the condition on which something is done. That is why the object of "靠" is usually a noun referring to a person, e.g.

(1) 要作好工作，只靠凭热情是不够的。

(2) 能不能办好这件事,全靠凭大家的努力了。

(3) 父亲死了以后，他们全家人的生活全靠哥哥一个人了。

"凭"还有"凭票入场"的用法，"靠"不能这样用。

In the expression "凭票入场" (Admission by ticket only), "凭" cannot be replaced by "靠", for "凭" here means "to show something as a certificate or evidence".

五、练 习

1. 熟读下列词组，并且用带重点号的词组造句：

符合实际	实际水平
符合事实	实际问题
符合要求	实际困难
符合需要	客观实际
符合愿望	根据实际情况

主观想法	调查研究
主观愿望	调查情况
主观条件	调查事实
很主观	作调查

有根据

没有根据

有科学根据

2. 用带"根本"或"本来"的句子回答下列问题:

    (1) 你能不能给我讲一讲这个寓言故事?
       (根本)

    (2) 画蛇添足这个故事里,第二个画完蛇的人
       为什么把酒壶抢了过去? (本来)

    (3) 这本书上写的不是你的名字,这到底是不
       是你的书呢? (本来)

    (4) 来中国以前, 你是学什么专业的?
       (本来)

    (5) 丢斧子的人怀疑斧子是邻居的儿子偷的,
       这是不是事实呢? (根本)

    (6) 智叟为什么不赞成愚公一家搬山呢?
       (根本)

3. 完成句子:

    (1) _____, 每天他都要去操场锻炼一
       小时。(不论)

    (2) 要把这项工作搞好, _____。(以为)

    (3) 不论遇到什么困难, _____。

    (4) _____, 结果地里的苗都死了。
       (以为)

    (5) _____, 都应该根据客观实际, 不
       能只凭主观愿望。(不论)

(6) _____, 事实是他自己砍柴的时候
把斧子丢在山上了。（以为）

(7) _____, 你都要给我打个电话。
（不论）

(8) _____, 哪知道大家早就都来了。
（以为）

4. 用下列词组和括号内的词造句：

例：帮助　进步　（由于）
由于大家的帮助，他最近进步很快。

(1) 大夫　手指接上　（由于）

(2) 春天　冷　（反而）

(3) 发音不正确　不懂　（由于）

(4) 苗没长高　死了　（反而）

(5) 调查研究　作好　（由于）

(6) 刮风　穿得少　（反而）

(7) 工作忙　写信　（由于）

(8) 第一个画完蛇的人　没喝到酒　（由于
反而）

5. 选词填空：

根据　按照

(1) 你这样说是没有_____的。

(2) _____性急的人拔苗助长的办法，苗是长
不快的。

(3) _____ 已经得到的报告，我们现在出发，已经太晚了。

(4) 这是大家讨论以后的决定，我们应该___这个决定去作。

凭　靠

(5) 判断这件事情到底对不对，不能只_____主观想法，要看客观实际。

(6) 大家爬山爬得都很累了，有几个人_____在石头上休息。

(7) 骑自行车的同志，请你_____边骑吧，汽车来了。

(8) 只_____这些条件，还不能把这件事情办好。

6. 阅读下面短文：

一天，我坐汽车进城了。回学校的时候，在校门口看见小王正骑着自行车出校门。我见小王骑的自行车象是我的，以为小王没告诉我，就骑我的车进城，心里很不高兴。小王见到我，下了车，热情地跟我说话。我再看看小王骑的自行车，越看越觉得象我的那辆。但是小王根本不提自行车的事。我很不高兴地跟小王说了几句话，就回宿舍了。

到了宿舍楼门口，我发现我的自行车还在那儿放着。这时候我才明白，原来小王骑的不是我的车。

由于我没作调查研究，不是根据实际情况，只凭主观想法，就怀疑小王骑的是我的自行车，因此判断错了。

看起来不论办什么事，都应该先作调查研究，根据事实作出判断，这样才会不犯错误或者少犯错误。

第 六 十 五 课

晏 子

齐国的晏子，被派到楚国去当大使。楚王听说晏子长得比较矮，想侮辱他，就让人在大门旁边另外开了一个小门，准备等晏子来的时候，叫他从小门进。晏子到了楚国，卫兵按照楚王的意思，叫晏子走小门。晏子对卫兵说："只有到狗国去的人，才从狗洞进去。今天我被派到楚国来，为什么让我走狗洞呢？"卫兵回答不了晏子的话，只好让他从大门进去了。

晏子见了楚王，楚王说："齐国太没有人了！"

晏子说："齐国的首都就有七、八千户人家，街上总是挤满了人。只要人们举一举袖子，就能把太阳遮住，甩一甩汗，就跟下雨一样，怎么能说齐国没有人呢？"

90

楚王说："齐国既然有那么多人，为什么派你这样的人来当大使呢？"

晏子回答说："我们齐国派大使有一个原则：对方是什么样的国家，就派什么样的人去。如果对方的国王有才能，就派有才能的人去。如果对方的国王是个没有才能的，我们就派没有才能的去。我是个最没用的人，所以才派到楚国来。"

楚王见侮辱晏子的办法没有成功，就又想了一个新的主意。一天，楚王请晏子参加宴会。大家正喝着酒，忽然两个卫兵拉着一个人从旁边经过。

楚王问："这个人是干什么的？"

卫兵回答："是个小偷，是齐国人。"

楚王听了，转过身来笑着对晏子说："怎么，你们齐国人都是爱偷东西的吗？"

晏子不慌不忙地站起来说："我听说过，桔子树长在淮河以南，结的果实又香又甜。如果把它移到淮河以北，结的果实就会又酸又苦。这是因为水土的关系。我们齐国人从来不偷别人的东西，可是一到楚国就变成了小偷。我看，这一定也是因为水土的关系吧！"

　　楚王几次想侮辱晏子，结果却搬起石头打了自己的脚。

二、生词

1. 当	（动）	dāng	to fill an office, to serve as
2. 大使	（名）	dàshǐ	ambassador
3. 长得	（动）	zhǎngde	to grow
4. 矮	（形）	ǎi	short of stature
5. 另外	（形、副）	lìngwài	other

6.	卫兵	（名）	wèibīng	guards
7.	只有	（连）	zhǐyǒu	only
8.	狗	（名）	gǒu	dog
9.	洞	（名）	dòng	hole, cave
10.	户	（量）	hù	*a measure word*, household
11.	人家	（名）	rénjiā	household
12.	总（是）	（副）	zǒng (shì)	always
13.	挤	（动、形）	jǐ	to squeeze, to be crowded, crowded
14.	满	（形）	mǎn	full
15.	只要	（连）	zhǐyào	so long as
16.	举	（动）	jǔ	to raise, to put up
17.	袖子	（名）	xiùzi	sleeves
18.	太阳	（名）	tàiyang	the sun
19.	遮	（动）	zhē	to cover, to shade
20.	甩	（动）	shuǎi	to fling, to cast away
21.	汗	（名）	hàn	sweat, perspiration
22.	既然	（连）	jìrán	since
23.	原则	（名）	yuánzé	principle, fundamental rule
24.	对方	（名）	duìfāng	opposite side
25.	国王	（名）	guówáng	king

26.	才能	（名）	cáinéng	ability and talent
27.	没用		méi yòng	useless
28.	成功	（动）	chénggōng	to succeed
29.	主意	（名）	zhǔyi	idea
30.	宴会	（名）	yànhuì	banquet
31.	拉	（动）	lā	to pull, to drag
32.	小偷	（名）	xiǎotōu	thief, pilferer
33.	转（身）	（动）	zhuǎn (shēn)	to turn round, to face about
34.	爱	（动）	ài	to like, to be fond of
35.	不慌不忙		bù huāng bù máng	in no hurry, unhurriedly
36.	桔子	（名）	júzi	orange
37.	以	（助）	yǐ	to
38.	结	（动）	jié	to bear (fruit)
39.	果实	（名）	guǒshí	fruit
40.	香	（形）	xiāng	fragrant, nice-smelling
41.	甜	（形）	tián	sweet
42.	酸	（形）	suān	sour
43.	因为	（连）	yīnwèi	because, as
44.	水土	（名）	shuǐtǔ	water and soil

94

45. 关系	（名、动）	guānxi	relation, to matter, to concern
46. 从来	（副）	cónglái	at all times, always
47. 变	（动）	biàn	to change

专　名

1. 晏子		Yànzǐ	*name of a person*
2. 楚王		Chǔ Wáng	King of the Chu State
3. 淮河		Huái Hé	the Huai River

三、词语例解

1. "只有…才…"格式

"只有"表示唯一的必需条件，"才"后面是结论或结果。"只有…才…"可以用在复句中，也可以用在单句中。例如：

In the construction "只有…才…", what follows "只有" is the only necessary condition and what follows "才" is the conclusion or result. "只有…才…" can be used either in a compound sentence or a simple sentence, e.g.

(1) 只有按照科学的方法种田，才能增加产量。

(2) 只有认真调查研究，才能把问题搞清楚。

(3) 你只有掌握了学过的生词，才能读懂这篇成语故事。

(4) 只有会休息的人，才会工作。

要注意的是，"才"后面常有能愿动词"能"、"会"、"可以"等。

What should be borne in mind is that "才" is often followed by the optative verb "能", "会" or "可以".

2. 齐国的首都就有七、八千户人家

副词"就"后面有数量词时，"就"轻读，强调数量多，"就"前面的词语往往表示仅在此情况下或在此范围内，这部分要重读。例如：

"就" is an adverb which emphatically indicates a large number of persons or things. "就" is pronounced in the neutral tone when it is followed by a numeral-measure word, and the word or phrase which usually shows the condition or circumstances under which the persons or things exist should be pronounced with stress, e.g.

(1) 他们学校男同学就有一千多，和女同学一起一共两千人。

(2) 他复习得很快，两天就复习了六课。

(3) 去参观中国革命博物馆的人真不少，我们班就去了八、九个。

"就"后面的动词可以省略。例如：

The verb after "就" may be omitted sometimes, e.g.

(4) 参加全校春季运动会的同学很多，我们班就（有）十几个。

3. 总（是）

"总（是）"有一向、一直的意思。例如：

"总（是）" means "always", "consistently" or "all along", e.g.

(1) 他星期六晚上总是睡得比较晚。

(2) 我上星期就想来看你，可是总没工夫。

"总（是）"还有毕竟、终归的意思。有时前面的分句里有"不论"、"无论"、"虽然"等连词和它呼应。例如：

"总（是）" also means "after all", "in the end", "at long last" or "sooner or later". Sometimes there is a conjunction such as "不论"，"无论" or "虽然" to go with it in the preceding clause, e.g.

(3) 别着急，问题总是可以解决的。

(4) 不论有多么大的困难，只要努力去干，
    理想总是会实现的。

(5) 机会虽然不多，但总是会有的。

4. "只要…就…"格式

"只要"表示充足的条件，意思是具备了某条件就足够了。"就"后面的词语表示具备某条件后产生的结论或结果。例如：

In the construction "只要…就…"，"只要" means "so long as" or "on condition that", indicating the only condition necessary for one to do something, and the word or phrase after "就" indicates the conclusion arrived at or the result brought about, e.g.

(1) 只要你有信心，就一定能成功。

(2) 只要他的想法是有道理的，大家就可以
按照他的想法试一试。

如果后一分句是反问语气，句中一般不用"就"。例如：

If the second clause is a rhetorical question, "就" is
generally not used, e.g.

(3) 我们只要下功夫，哪里还有学不会的道
理！

5. "既然…就…"格式

"既然"是连词，用在第一分句中，"就"用在第二分句
中，表示先确认已有的事实或情况，而后加以推论。后一分句如
果是反问语气，一般不用"就"，而用副词"还"或疑问代词
"为什么"、"怎么"等。例如：

In the construction "既然…就…"， "既然" is a conjunc-
tion, meaning "since" or "seeing that", and usually occurs in
the first clause of a compound sentence. "就" occurs in the
second clause. The construction indicates that a prerequisite
is first given, then comes the conclusion. If the second clause is
a rhetorical question, the interrogative pronoun "为什么"
or "怎么" or the adverb "还" is used instead of "就", e.g.

(1) 你既然看过那本古代寓言故事，就给我
们介绍一下它的内容吧。

(2) 既然你知道自己的判断是错误的，为什
么不赶快纠正呢？

(3) 既然累了，你还不快去休息！

6. 桔子树长在淮河以南

由 "以" 和 "上、下、前、后、内(nèi)、外、东、西、南、北" 等组成的方位词，表示时间、方位、数量的界限。例如：

Position words formed of "以" plus "上", "下", "前", "后", "内 (nèi, inside) ", "外", "东", "西", "南" or "北" respectively indicate the limit of a time, position or quantity, e.g.

(1) 我们学校要在操场以东，那条路以西，修一个篮球场。（表示方位）

(2) 我们班同学的年纪都在二十五岁以下。（表示数量）

(3) 医生安慰他说："你放心，手术两个小时以内一定可以作好。"（表示时间）

(4) 这个工厂的工人百分之六十以上是女同志。（表示数量）

7. 这是因为水土的关系

"因为…的关系" 表示原因或条件，有 "因为受到…的限制" 的意思。"因为…的关系" 中间可以是一个结构，但更常见的是一个名词。例如：

"因为…的关系" indicates the reason or cause of a thing or a statement, meaning "as … is limited". In "因为…的关系" either a construction or a noun can be inserted to tell the reason or cause, but the latter is more common than the former, e.g.

(1) 因为时间的关系，我们只参观了中国历史博物馆，没有参观中国革命博物馆。（时间不够）

(2) 因为身体的关系，他不能参加今天的体操表演了。（身体不好）

(3) 因为天气的关系，飞机没有起飞。（天气不好）

如果做一件事的原因是"时间很充足"，"身体很健康"，"天气很好"，都不能用"因为…的关系"。

"因为…的关系" cannot be used in the above three sentences if "时间很充足"，"身体很健康" and "天气很好" are the reasons.

8．从来

"从来"表示从过去到现在。用"从来"的句子,否定式较多。例如：

"从来" indicates that someone or something remains the same all the time from the past to the present. Generally speaking, "从来" applies more to negative sentences, e.g.

(1) 他从来不喝酒。

(2) 考试的时候，他从来没全对过，总是有一些小错误。

(3) 她来这里工作一年多了，从来都是来得早，走得晚。

9. 变

"变"的意思是和原来有所不同，常用补语来说明"变"的结果。例如：

"变" indicates that something is no longer the same as it was. It often takes a complement to tell the result of "变", e.g.

(1) 天气忽然变冷了。

(2) 北京变得越来越美丽了。

(3) 我们的村子变了，变得我都不认识了。

"变"也常带结果补语"成"，后面的宾语是变的结果。例如：

"变" can also be used in combination with the complement of result "成" and the object is the result of "变", e.g.

(4) 几年不来，这个地方已经变成一个公园了。

(5) 我们要把这个小城市变成一个现代化的工业城市。

"变"的宾语有时是事物或人变化的方面。例如：

Sometimes the object of "变" tells in what respect a person or thing changes, e.g.

(6) 这件衣服穿了三年了，已经变颜色了。

(7) 这间屋子经过她一布置，完全变了样子了。

四、近义词例解

1. 另外 另 别的

"另外"是形容词，也是副词。

"另外" is an adjective, and an adverb as well.

A. 形容词"另外"作定语时，是指上文所说范围之外的人或事物。例如：

As an adjective, "另外" means "other" or "another", referring to the person or thing in addition to what has already been mentioned in the preceding context, e.g.

(1) 今天我们先讨论这两个问题，另外的两个（问题）明天再讨论。

(2) 我有两个姐姐，一个姐姐在北京工作，另外一个在上海工作。

"另外"和数量词连用的情况较多，连用时"另外"在数量词之前。

"另外" is more often than not used in combination with a numeral-measure word. When so used, "另外" precedes the numeral-meansure word.

B. 副词"另外"作状语时，放在动词前，表示在所说的范围之外。如果动词有宾语，宾语是已指明的人或事物以外的。例如：

As an adverb, "另外" means "besides", "in addition to" or "moreover". It always comes before the verb. If the verb takes an object, the object represents the person or thing in addition to what has already been mentioned before, e.g.

(1) 既然你给安娜的信已经寄出去了，我就另外再写一封吧。

"另外"也可放在主语前，有时用逗号与句子隔开，表示在说过的事情之外还有所补充。例如：

"另外" can also come before the subject, and there is a comma after it sometimes, meaning "in addition to" or "besides", e.g.

(2) 我们在工厂里参观了车间、工人俱乐部、幼儿园，另外，（我们）还访问了两个工人家庭。

"另外"作状语放在动词之前，或作定语放在"一"和量词之前，都可以简化为"另"，但有两点需要注意：

"另外" can be shortened as "另" when it comes before the verb as an adverbial adjunct or before "一" and a measure word as an attributive. In either case, the following two points should be noted:

A．只能和数词"一"连用，其它数词不行。

"另" cannot be combined with any other numerals except "一".

B．"另"和动词中间不能插入其他状语，其他状语都要放在"另"前。例如：

If there is another adverbial, it is usually put before "另" but not between "另" and the verb.

既然你给安娜的信已经寄出去了，我就再另写一封吧。

用"另外"的句子，副词"再"、"又"、"还"等可在"另外"前，也可在"另外"后。

In sentences with "另外", one of the adverbs "再"，"又" and "还" etc. may come either before or after "另外".

"别的"是代词，意思是除此以外的人或事物，多用于没有一定范围的情况下。语言环境清楚时，后面的中心语可以省略。例如：

"别的" is a pronoun, meaning "other" or "else", referring to the person or thing besides what has already been mentioned. In this sense, it is used when no particular range or scope is given. If the context leaves no room for doubt, the word qualified by "别的" can be left out, e.g.

(1) 他进城，除了看朋友以外，没有别的事。

(2) 您还要买点儿别的吗？

"别的"较少和数量词连用，有数量词时，"别的"常常在数量词之后。例如：

When used with a numeral-measure word, which is a rare case, "别的" comes after the numeral-measure word, e.g.

(3) 你们谈吧，我先走了，我还有一些别的事情。

"别的"不能作状语。

In no case can "别的" function as an adverbial adjunct.

2. 只有…才… 只要…就…

"只有"和"只要"都表示条件，不过"只有"强调这是唯一的条件，除了这个条件外，其他条件都不行。"只要"表示的是具备了这个条件就够了，当然也还可以有别的条件。

另外，在用"只有…才…"的句子里，强调的是条件，在用"只要…就…"的句子里，强调的是后面的结论或结果。例如：

Both "只有" and "只要" show a condition, but their difference is that "只有" stresses this is the only condition and no other conditions will do whereas "只要" indicates it's enough to have this condition though there are still others.

Besides, in sentences with "只有…才…" what is stressed is the condition itself, and in sentences with "只要…就…" the conclusion arrived at or the result brought about, e.g.

(1) 现在没有别的办法了，只有作手术，她的病才能好。

(2) 你不要担心，只要作手术，她的病就能好。

象下面的句子就不能换成用"只有…才…"的句子：

"只要…就…" in the sentence below cannot be replaced by "只有…才…".

(3) 只要想去，就可以去。

"只要…就…" 一般只用于复句中，"只有…才…" 可用于复句，也可以用于单句。例如：

"只要…就…" is as a rule used in a compound sentence and "只有…才…" may be used either in a compound or a simple sentence, e.g.

(4) 只有学过的生词，我才会念。

(5) 只要是学过的生词，我就会念。

3. 因为　由于

"因为"和"由于"意思差不多，都是表示原因和理由的。例如：

"因为" is about the same as "由于" in meaning. They both show the reason or cause of something or some event, e.g.

(1) 他$\begin{matrix}因为\\由于\end{matrix}$身体不好，没有参加比赛项目。

"因为"是连词，多用在第一分句中，有时也能放在第二分句句首。例如：

"因为" is a conjunction. It mostly occurs in the first clause of a compound sentence or sometimes at the beginning of the second clause, e.g.

(2) 这个演员因为表演得非常好，所以很受大家欢迎。

(3) 他没来，因为他病了。

"由于"是介词，它的宾语多是词或词组。例如：

"由于" is a preposition. Its object may be either a word or phrase, e.g.

(4) 由于大家的努力，只用了三天的工夫，就把任务完成了。

"由于"的宾语也可以是主谓结构，如例（1）。
Or a subject-predicate construction as in Example (1).

五、练　习

1. 熟读词组：

当：当大使　　满：挤满　　以：以南

　　当代表　　　　摆满　　　　以北

106

当干部　　　写满　　　以东
当工人　　　挂满　　　以西
当老师　　　种满　　　以上
当领导　　　结满　　　以下
　　　　　　放满　　　以内
　　　　　　坐满　　　以外

变：变好　　会：宴会
　　变坏　　　　讨论会
　　变黑　　　　座谈会
　　变黄　　　　报告会
　　变多　　　　运动会
　　变少　　　　舞会
　　变冷　　　　晚会
　　变年轻
　　变积极

2. 用"只有…才…"或"只要…就…"把下列词组连成句子：

(1) 有才能　　　　当大使
(2) 桔子树　　　　果实又甜又香
(3) 调查研究　　　不犯错误
(4) 团结　　　　　搞好
(5) 努力　　　　　成功
(6) 帮助　　　　　完成

(7) 画完蛇　　　　喝这壶酒

(8) 作手术　　　　治好

3. 仿照例子用副词"就"造句：

例：接到的信多

这个星期我接到的信真多，今天一天就接到四封。

(1) 参加会的人多

(2) 苹果树结的果实多

(3) 这个村子的人很多

(4) 看过这个电影的很多

(5) 进城很多次

4. 用下面的词和"因为…的关系"造句：

例：水土

因为水土的关系，这儿的苹果树结的果实不好吃。

(1) 下雨　　　　　(2) 技术水平

(3) 路远　　　　　(4) 考试

(5) 时间　　　　　(6) 旅行

5. 完成句子：

(1) 小王是最爱锻炼身体的，＿＿＿＿＿＿＿＿。（总是）

(2) 楚国的卫兵让晏子走小门，晏子回答说："＿＿＿＿＿＿＿？"（既然）

(3) 每次开会他总是按时来，＿＿＿＿＿＿。
（从来）

(4) 北京城里有条街叫王府井（Wángfǔjǐng）
＿＿＿＿＿＿＿＿。（总是）

(5) ＿＿＿＿＿＿，我们就另外找个时间去
吧。（既然）

(6) 你说的这个人＿＿＿＿＿＿，我怎么知道
他的样子呢？（从来）

(7) 既然大家都赞成这个意见，＿＿＿＿＿＿。
（就）

(8) 只要认真调查研究，＿＿＿＿＿＿。
（总是）

(9) ＿＿＿＿＿＿，今天我是第一次到这儿
来。（从来）

6. 选词填空：

另外　别的　另

(1) 既然他去不了，我们就＿＿＿＿再派一个
人去吧。

(2) 既然他不能去，那么我们派＿＿＿＿人去吧。

(3) 第一个画完蛇的人说："我已经把蛇画
完了，你们看，我还能＿＿＿＿再给蛇添
上几只脚。"

(4) 楚王对晏子说："既然齐国有那么多人，为什么不派_____人来当大使，却派你这样的人呢？"

(5) 卫兵不让晏子从大门进，让他从_____一个小门进，晏子没同意。

(6) 今天晚上我写了两封信，一封是给父母亲的，_____一封是给朋友的。

(7) 这是我请你带的：书、衣服、水果，_____还有一些_____东西。

因为　由于

(8) _____大家的帮助，他很快就完成了这件工作。

(9) 这些天_____忙，也没去你那儿看你。

(10) _____天气热，大家在太阳下边站着，都不停地擦汗。

(11) _____北方的水土跟南方的不一样，所以桔树上结的桔子又苦又酸。

(12) 晏子回答楚王说："_____我最没有才能，所以才被派到楚国来。"

7. 阅读短文：

自满的人

一个人，如果觉得别的人都不如自己，这就叫自满。

一天，晏子坐马车出门，马车从赶车人住的街上经过。赶车人的妻子，在大门里边看见她的丈夫十分得意地坐在马车前边，样子非常自满。

赶车人一回到家，他的妻子立刻就提出来要跟他离婚（to get a divorce）。赶车的不知道出了什么事，就问："你到底为什么要跟我离婚呢？"

他妻子说："晏子是个非常有才能的人，连很多别的国家的国王都知道。今天我看见他坐在车里，低着头，一点儿也不自满。你不过是个赶车的，却那么得意的样子，好象觉得比晏子还有才能。象你这样自满的人，我不愿意再跟你一起生活了。"

赶车人听了，觉得妻子说得对，于是以后一举一动非常注意，再也看不出自满的样子了。

晏子发现他的赶车的跟以前比有很大变化，很奇怪，就问他是怎么一回事，赶车的把事情的经过告诉了晏子。

晏子觉得这个赶车的能很快改正自己的错误，是个有用的人，后来就不让他赶车，派他作别的工作了。

没有用的人

有个人给晏子办事，工作总是很小心，什么意见也不提，三年来没有犯过一点儿错误。一天，晏子忽然不要他了。别人都觉得奇怪，就问晏子："既然他没犯错误，为什么不要他了呢？"

晏子回答说："由于我是个没有才能的人，因此要靠别人告诉我哪件事作得不对，应该怎么作，靠大家多给我提意见。可是这个人在我这儿三年，从来没给我提过意见，从来没指出过我的错误，这样的人对我有什么用呢？"

第 六 十 六 课

标 点 符 号

人们的社会生活离不开语言。语言是一种工具，它可以帮助人们交流思想，互相了解。没有语言，社会的一切活动就不能进行。

文字是记录语言的符号。语言是说给人听的，文字是写给人看的。说话的时候，有各种语气，说到一定的地方，还要停一停。写成文字时，怎样表示不同的语气和停顿呢？这就要靠标点符号。

如果不用或者用错了标点符号，句子的意思就不清楚。有时还会弄错。有一个笑话，就是说明标点符号的重要作用的。

有一个人，家里来了一位客人。他们正谈话的时候，外边下起雨来了。客人就在一张纸上写了一句话："下雨天留客"。他的意思是："下雨了，这是天有意把客人留下来。"主人看了，想跟客人开个玩笑，就接着写了一句："天留人

113

不留"。意思是："天留客人，可是我不想留。"由于他们都没用标点符号，两句话连在一起了。客人想了想，拿起笔来，加了两个逗号，一个问号，一个感叹号，句子就变成了这样："下雨天，留客天，留人不？留！"主人和客人都哈哈大笑起来。

常用的标点符号，除了逗号（，）、句号（。）、问号（？）、感叹号（！）以外，还有顿号（、）、冒号（：）、引号（" "）、省略号（……）等。

正确地使用标点符号，可以把一句话的意思表达得更明确。

二、生　词

1. 标点　（名）　biāodiǎn　punctuation
2. 符号　（名）　fúhào　mark, symbol
3. 社会　（名）　shèhuì　society
4. 离开　　　　lí kāi　to leave, to depart from, to deviate from
5. 工具　（名）　gōngjù　tool, instrument
6. 思想　（名）　sīxiǎng　thought, thinking, idea
7. 互相　（副）　hùxiāng　each other, mutually

8. 一切	（代）	yíqiè	all, everything
9. 文字	（名）	wénzì	written language, character
10. 记录	（动）	jìlù	to record
11. 语气	（名）	yǔqì	tone, manner of speaking
12. 停顿	（动）	tíngdùn	to pause
13. 弄	（动）	nòng	to make, to do
14. 笑话	（名、动）	xiàohua	joke, jest, to crack a joke, to laugh at
15. 说明	（动、名）	shuōmíng	to explain, to show, to illustrate
16. 重要	（形）	zhòngyào	important
17. 作用	（名、动）	zuòyòng	function, effect, to function
18. 有意		yǒu yì	to have a mind to, intentionally, deliberately
19. 主人	（名）	zhǔrén	host, hostess, master, owner
20. 开玩笑		kāi wánxiào	to make (crack) a joke (fun)
21. 连	（动）	lián	to link, to join, to connect
22. 加	（动）	jiā	to add
23. 逗号	（名）	dòuhào	comma
24. 问号	（名）	wènhào	question mark
25. 感叹号	（名）	gǎntànhào	exclamatory point
26. 哈哈	（象声）	hāhā	*onomatopoeia*
27. 句号	（名）	jùhào	period, full stop

115

28. 顿号	（名）	dùnhào	pause mark
29. 冒号	（名）	màohào	colon
30. 引号	（名）	yǐnhào	quotation mark
31. 省略号	（名）	shěnglüèhào	dotted line
32. 使用	（动）	shǐyòng	to use, to utilize
33. 表达	（动）	biǎodá	to express, to voice, to convey
34. 明确	（形、动）	míngquè	clear and definite, clear-cut, explicit

三、词 语 例 解

1. 没有语言，社会的一切活动就不能进行

有时，我们可以用两次否定的方法来强调肯定。例如：

Sometimes double negation can be used in a sentence to emphasize affirmation, e.g.

(1) 暑假里，我们出去参观访问，他没有一次不参加。

(2) 我们这儿没有人不认识他。

(3) 这个会很重要，我不能不参加。

(4) 她从来没有不高兴的时候。

在复句中，否定词分别放在两个分句里，后一分句常有副词"就"。例如：

In a compound sentence the two negatives are used separately in the two clauses, and there is often the adverb "就" in front of the second negative in the second clause, e.g.

116

(5) 没有你的帮助，我就不会进步这么快。

(6) 不发展生产，就不能提高生活水平。

2．一切

"一切"是代词，代替事物的全部，经常和"都"呼应。可作主语、宾语、定语。例如：

"一切" is a pronoun meaning "all" or "everything" and is usually accompanied by "都". It can function as the subject, object or attributive, e.g.

(1) 我们要一切从实际出发。

(2) 这屋子里的一切都是新的。

(3) 一切问题我们都解决了。

(4) 我不会忘掉这一切的。

3．一定

"一定"除了是副词外，也是形容词。形容词"一定"有特定的、相当的、规定的、必然的等意思。例如：

"一定" is an adjective as well as an adverb. As an adjective, it means "particular", "fair", "due" or "inevitable" e.g.

(1) 那个手表坏了，每天走到一定的地方就要停。（特定的）

(2) 经过几个月的学习，她的汉语水平有了一定的提高。（相当的）

(3) 医院里看病人的时间是有一定的，不是什么时候都能去。（规定的）

(4) 桔子树长在淮河以北，结的果实就会又酸又苦，这和水土有一定的关系。

（必然的）

4．说明

"说明"是动词。例如：

"说明" is a verb, e.g.

(1) 你应该说明一下这次比赛的方法。

(2) 请你把自己的想法再说明一下，好吗？

"说明"也是名词，我们常说"作一个说明"。此外，说明的文字也叫"说明（书）"。例如：

"说明" is also a noun as in the common expression "作一个说明". Besides, printed words aiming at explanation are also known as "说明（书）", e.g.

(3) 到剧场以后，我们先买一张说明书看看。

(4) 大夫对我说："你在吃药以前，先看一下说明。"

"说明"有时也表示某件事情可以使人得出某种结论。例如：

Sometimes "说明" indicates that something leads to a certain conclusion, e.g.

(5) 他的汉字写得这么好，这说明他学习一定很认真。

(6) 原来准备两天干的活儿，今天一天就干完了，这说明大家的劳动热情很高。

5. 作用

"作用"是动词，也是名词。作名词时，常与动词"起"、"发生"、"有"、"发挥"搭配。例如：

"作用" is a verb, and a noun as well.   As a noun, "作用" very often goes together with verbs such as "起","发生","有" and "发挥 (fāhuī, to bring into play)" etc., e.g.

(1) 交流经验对提高生产有很大的作用。

(2) 现在老大娘已经不再担心了，我想你安慰她的话起了一定的作用。

(3) 为了完成这个任务，青年小组的同志发挥（fāhuī, to bring into play）了积极的作用。

四、近义词例解

1. 弄 搞

A. "弄"和"搞"都有"做"、"干"、"办"等意思，都可以代替一些不容易具体说出的动作。例如：

Both "弄" and "搞" have the meaning of "做", "干" or "为" and can be used to indicate actions which are difficult or unnecessary to define, e.g.

(1) 你怎么把电视机^搞坏了？

(2) 只有认真进行调查研究，才能把问题^弄清楚。

B. "弄"和"搞"都有设法取得的意思。例如：

Both "弄" and "搞" mean "to try to get", e.g.

(1) 你去 弄/搞 点儿水来喝吧。

(2) 她给我们 搞/弄 到两张农业展览的票，你去不去？

C. "弄" 还有用手摆弄的意思。"搞" 一般不这样用。例如：

"弄" also means "to fiddle about with", but "搞" has no such meaning, e.g.

(1) 小苗刚长出来，别用手弄它。

(2) 她站起来弄了弄自己的衣服，就走出去了。

D. "搞" 有进行、从事的意思。有些习惯的搭配，都不能换成 "弄"。如："搞革命"、"搞建设"、"搞生产"、"搞工作"、"搞教学"、"搞翻译"、"搞渔业"、"搞工业"、"搞调查" 等。

"搞" also means "to carry on or out" or "to go in for". In some set phrases such as "搞革命", "搞建设", "搞生产", "搞工作", "搞教学", "搞翻译", "搞渔业", "搞工业" and "搞调查", "搞" can never be replaced by "弄".

2. 表达 表示

A. "表达" 是动词，宾语一般是名词。意思是把自己的思想感情用语言或文字说出或写出。例如：

"表达" is a verb and its object is as a rule a noun. "表达" means that one expresses, voices or writes out his thinking or feelings, e.g.

(1) 经过两年的学习，我已经能用汉语表达思想了。

(2) 我对他们的感情，是没办法用语言来表达的。

(3) 他的口头（kǒutóu, oral）表达能力虽然差一些，可是笔头表达能力很强。

"表示"也是动词，宾语可以是名词、动词、动词结构或主谓结构等。意思是把自己的感情、态度或意见告诉别人，可以用语言或文字，也可以用自己的行动或态度，使别人了解。例如：

"表示" is also a verb and its object may be a noun, verb, verbal construction or subject-predicate construction. "表示" means that one voices his feelings or opinions or states his attitude or position either in words or in actions, e.g.

(4) 不论同意还是不同意，希望大家明确地表示自己的意见。

(5) 对你们的关心和帮助，他表示非常感谢。

(6) 他表示，他很愿意来参加我们的座谈会。

"表示"的宾语是动词时，这一动词的受事可以和介词"对"或"向"组成介宾结构放在"表示"之前作状语。这种用法"表达"没有。如："对来参观的同志表示热烈欢迎"，"领导同志对我们表示非常关心"，"对这个问题我表示怀疑"。

If the object of "表示" is a verb, the recipient of the action represented by the verb can be combined with the preposition "对" or "向 (xiàng, to, towards)" to form a preposition-object construction which should be placed before "表示"

as an adverbial adjunct.   For example, "对来参观的同志表示
热烈欢迎", "领导同志对我们表示非常关心", "对这个问题
我表示怀疑". "表达", however, can never be used this way.

有时，同样的句子可以用"表达"也可以用"表示"，但
"表达"只侧重于把思想感情说出或写出；"表示"则往往需要
指出接受表示的对象，或含有"向…表示"的意思。例如：

Sometimes either "表达" or "表示" can be used in the
same sentence, but there is a difference between them: what
"表达" stresses is that one expresses or writes out his thinking
or feelings.   When "表示" is used, it is necessary to point out
the person to whom something is expressed and it implies "向…
表示", e.g.

(7) 他在会上讲了话，（向大家）表达/表示了自
己一定要努力完成任务的决心
（ juéxīn, determination ）。

B．"表示"还可以是名词，"表达"没有这种用法。例
如：

"表示" is also a noun, but "表达" is not, e.g.

他可能心里不太高兴，可是脸上没有不高
兴的表示。

C．"表示"还可以表示事物或现象本身显出某种意义。
"表达"不能这样用。例如：

"表示" also means "to show", "to display" or "to de-
monstrate", but "表达" has no such meaning, e.g.

(1) 中国人的习惯是：摇头表示不同意，点（diǎn, to nod）头表示同意。

(2) "了"有时候表示完成，有时候表示变化。

五、练 习

1. 用两次否定的方式改写句子：

例：有了语言人们才能交流思想，互相了解。

没有语言人们就不能交流思想，互相了解。

(1) 只有发展生产才能提高生活水平。

(2) 用了标点符号，句子的意思才清楚。

(3) 这个车间的工人都会使用这种新机器。

(4) 只要努力，这些困难都能克服。

(5) 要想用文字表达不同的语气，就一定要用标点符号。

(6) 要作好这个工作，就要先调查研究，多了解情况。

2. 完成下列两次否定的句子：

(1) 说汉语的时候，如果发音不正确，＿＿。

(2) 大家都表示，不完成这个任务＿＿＿＿。

(3) 不研究出新办法，＿＿＿＿＿＿。

(4) 老海员说，没有这只手＿＿＿＿。

(5) 这些句子不加标点符号 _____ 。

(6) 我们班的同学没有人 _____ 。

3. 用"一切"改写句子：

例： 不论作什么事，都应该从实际出发。

一切应该从实际出发。

(1) 搞什么工作，都要先作调查研究。

(2) 他刚到这儿，觉得什么东西都很有意思。

(3) 他搬到这儿来以后，屋子里一点儿也没有变化，还跟从前一样。

(4) 今天下午的活动，我们要按主人的意思作。

4. 用"进行"和下列词组造句：

例： 调查   这件事

情况到底怎么样，我们还要对这件事再进行一次调查。

(1) 讨论   这些问题

(2) 考试   希望来这儿工作的人

(3) 检查   准备工作

(4) 纠正   已经发现的错误

(5) 分析   学过的句子

(6) 说明   这个情况

5. 完成句子：

 (1) 每一种标点符号＿＿＿＿＿。（一定）

 (2) 这架新的录音机怎么使用，＿＿＿＿＿。
  （说明）

 (3) 标点符号＿＿＿＿＿。（作用）

 (4) 他学汉语虽然时间不长，＿＿＿＿＿。
  （一定）

 (5) 他身体这么好，＿＿＿＿＿。（说明）

 (6) 掌握一种外语＿＿＿＿＿。（作用）

 (7) 晏子回答楚王说："我们国家派大使
  ＿＿＿＿＿。"（一定）

 (8) 这次开会的记录＿＿＿＿＿。（说明）

6. 给下面的短文加上标点符号：

<h3 style="text-align:center">这是办公室不是食堂</h3>

 有个小学食堂还没有盖好老师们都在办公室里吃午饭每天下了最后一节课大家坐在一起一边吃饭一边说说笑笑都觉得很有意思他们常常在王老师的桌子上吃饭有时候把桌子弄得很脏擦得又不太干净王老师看了就有一点儿不高兴一天他在纸上写了一句话放在桌子上这句话是这是办公室

是食堂他的意思很清楚这是办公室不是食堂大家吃饭应该注意不要把别人的桌子弄脏但是他写的这句话没添上标点符号第二天早上有一位老师想跟王老师开个玩笑就拿起笔来在上面添了一个问号一个感叹号一个句号这样这句话就变成了这是办公室不是食堂别的老师看见了都哈哈大笑起来

第 六 十 七 课

梨 花

眼前的风景多美呀！我在山里写生，一张一张地画着，都忘了太阳已经快下山了。我的哈尼族同伴有点儿着急：晚上恐怕赶不到住宿的地方了。

天色越来越黑，我们急急忙忙往回走。

"你看，前边有人家！"我的同伴指着树林中的一间草屋说。

我们连忙向草屋走去。走近一看，门上写着两个字：请进。

我们推开门，进了屋，发现屋里有水，有米，有盐，有辣椒……。墙上还写着一行字：请自己作饭吃。

我们放下东西，开始生火，作饭。好甜的水，好香的饭哪！可是主人到哪里去了呢？

这时候，门外进来一位老人，右肩背着一支

127

猎枪，左肩扛着一袋粮食。

"啊，主人回来了！"我这样想着，立刻站起来，对老人说："太感谢您了！我们从这儿经过，太晚了，来打扰您……"

"不，我不是这儿的主人。"老人摇摇头说，"我也是过路的，是瑶家人，在山那边住。上个月打猎来到这儿，天晚了，没地方住，也是在这里吃的饭，过的夜。第二天走的时候，我留下一块包头的红布，插上羽毛，告诉主人，有个瑶家人来打扰过。今天我是来给主人送米的。"

"这儿的主人到底是谁呢？"

老人吸了一口烟，慢慢地说：

"我打听过很多人。听说这间屋子就是为过路人准备的。主人是位哈尼族姑娘，名字叫梨花。"

"梨花"，多漂亮的名字啊！

第二天早上，我把屋子扫得干干净净，把屋子外边也弄得整整齐齐。我还抽空把这所难忘的草屋画了下来。

我们刚要离开，忽然一群小姑娘又说又笑，向草屋走过来。前边的一个，背着装水的竹筒。

"梨花姑娘！"瑶族老人叫了起来。

"感谢你，梨花姑娘！"老人走过去说，"你们为过路人盖了这间草屋……"

　　"哎呀，不要谢我们！"背竹筒的小姑娘笑起来，"我不是梨花，房子也不是我们盖的⋯⋯"

　　"那⋯⋯"

　　"那是十几年前，"小姑娘接着说，"有一队解放军经过这里。夜里下起雨来，他们的衣服都淋湿了。第二天他们就动手在这儿盖草屋。我姐姐经过这儿，觉得奇怪，就问他们，是不是在这儿长住。一个战士说：'不是长住，是为了方便过路人⋯⋯'我姐姐听了，非常感动。后来，她就常给这间小屋背柴、添水，一直管了好多年。"

"你姐姐叫什么名字？她在哪儿？"我们问。

"她叫梨花，结婚以后到山那边去了。"

不用说，梨花的任务由这群小姑娘接过来了。多好的姑娘们哪！

＊　　＊　　＊　　＊

每当我看到自己画的那间草屋，就不由得想起那些活泼的姑娘。她们象一朵朵白色的梨花，那样美丽，那样可爱……

二、生　词

1. 梨　　（名）　lí　　　　　pear
2. 眼前　（名）　yǎnqián　　in immediate presence, un-
　　　　　　　　　　　　　　der one's nose

3.	风景	（名）	fēngjǐng	scenery, scene
4.	美	（形）	měi	beautiful, pretty
5.	写生	（动、名）	xiěshēng	to sketch, to make a sketch of, to draw living or non-living objects
6.	同伴	（名）	tóngbàn	companion
7.	恐怕	（副）	kǒngpà	perhaps, I'm afraid
8.	赶	（动）	gǎn	to hurry on
9.	住宿	（动）	zhùsù	to stay for the night
10.	天色	（名）	tiānsè	time or weather of the day as judged by the colour of the sky
11.	树林	（名）	shùlín	wood, forest
12.	草屋		cǎo wū	straw shed
13.	米	（名）	mǐ	rice
14.	盐	（名）	yán	table salt
15.	辣椒	（名）	làjiāo	pepper
16.	行	（量）	háng	*a measure word*
17.	作(饭)	（动）	zuò (fàn)	to cook, to do the cooking, to prepare a meal
18.	生火		shēng huǒ	to make (light) a fire
19.	好	（副）	hǎo	how, very, really
20.	肩	（名）	jiān	shoulder

131

21.	猎枪	（名）	lièqiāng	hunting gun
22.	打扰	（动）	dǎrǎo	to disturb, to trouble
23.	过路	（形）	guòlù	passing, to pass by on one's way
24.	打猎		dǎ liè	to hunt, to go hunting
25.	过夜		guò yè	to stay overnight, to stay for the night
26.	包	（动）	bāo	to wrap
27.	插	（动）	chā	to plug in, to insert
28.	羽毛	（名）	yǔmáo	feather
29.	吸	（动）	xī	to draw, to breathe, to smoke
30.	烟	（名）	yān	cigarette
31.	打听	（动）	dǎting	to inquire, to ask
32.	姑娘	（名）	gūniang	girl
33.	抽	（动）	chōu	to try to find (time)
34.	空儿	（名）	kòngr	free time
35.	所	（量）	suǒ	*a measure word*
36.	群	（量）	qún	*a measure word*, group, crowd
37.	装	（动）	zhuāng	to contain, to hold
38.	竹筒		zhú tǒng	bamboo section used as a holder or container
39.	哎呀	（叹）	āiyā	*an interjection*

132

40. 夜	（名）	yè	night
41. 淋	（动）	lín	to take a shower, to be caught in the rain
42. 湿	（形）	shī	wet
43. 动手		dòng shǒu	to start doing something, to proceed to do something
44. 一直	（副）	yìzhí	all the time, always, straightly
45. 管	（动）	guǎn	to be in charge of, to take charge of
46. 每当	（连）	měidāng	every time when, whenever
47. 不由得	（副）	bùyóude	could not help doing sth.
48. 活泼	（形）	huópo	lively, vigorous
49. 朵	（量）	duǒ	*a maesure word*
50. 色	（名）	sè	colour
51. 那样	（代）	nàyàng	such
52. 美丽	（形）	měilì	beautiful
53. 可爱	（形）	kě'ài	lovely

专　名

1. 梨花	Líhuā	*name of a person*
2. 哈尼族	Hānízú	the Hani nationality
3. 瑶家	Yáojiā	the Yao nationality

三、词语例解

1．都忘了太阳已经快下山了

"都"有时与语气助词"了"相呼应，起加强语气的作用，表示说话人主观上感到一件事情意想不到地达到某种程度，有"已经"、"竟"的意思。在句中要轻读。例如：

"都" is sometimes used in combination with the modal particle "了" to intensify the tone of the sentence, indicating that, from the speaker's point of view, something has reached a certain degree or extent beyond his expectation. In this sense, "都" means "已经" or "竟 (jìng, unexpectedly)" and is pronounced in the neutral tone, e.g.

(1) 天都黑了，我们赶快回去吧!

(2) 时间过得真快，都十二月了。

(3) 他刚学了半年，现在都能表演汉语节目了。

2．恐怕

"恐怕"作状语，表示估计，有时带有担心的意思。例如：

"恐怕" when used as an adverbial adjunct shows an estimate with worry, e.g.

(1) 他走了恐怕有二十天了吧。

(2) 小王怎么还没来，恐怕他有事不能来了。

(3) 他已经走远了，恐怕追不上了。

3．好甜的水，好香的饭啊

"好"放在形容词、动词前，表示程度，并带有感叹语气，多用于感叹句。例如：

When used in front of an adjective or a verb, "好" indicates a high degree or extent something reaches and carries a tone of exclamation. In this sense, "好" more applies to exclamatory sentences, e.g.

(1) 好热的天气呀!

(2) 这个桔子好酸哪!

(3) 原来你在这儿，让我好找啊!

"好"还可以用在数量词或表示时段的词语前面，有强调数量多、时间久的意思。例如："好几个"、"好些"、"好半天"、"好一会儿"等。有时"好"和"多"、"长"、"久"等结合，也有强调"多"和"久"的意思。例如:

Besides, "好" can also be used in front of a numeral-measure word or time word to emphasize a large quantity or a long period of time, e.g. "好几个", "好些", "好半天" and "好一会儿" etc. Sometimes "好" can also be combined with "多", "长" or "久" to emphatically convey the above-mentioned meaning, e.g.

(4) 有好几个人找你，他们等了你好半天，你到哪儿去了？

(5) 他们结婚好多年了吧？

(6) 好久没见了，你最近身体怎么样啊？

4. ……把这所难忘的草屋画了下来

复合趋向补语"下来"可以表示通过动作使人或事物固定或停留，以免消失、离去或被遗忘。例如:

The compound directional complement "下来" can indicate that a person or thing is to be held or retained through an

135

action so that he or it may not be lost, taken away or forgotten, e.g.

(1) 这儿的风景多美呀！ 你快用照相机把它照下来吧!

(2) 开完会以后， 请你们二位留下来， 我们研究一下这个问题。

(3) 送报的同志让我把名字和房间号写下来。

5．哎呀

"哎呀"是叹词。叹词是表示强烈的感情以及表示招呼、应答的词。"哎呀"表示惊讶、喜悦、困惑、发愁等情感。例如：

In Chinese, interjections express strong feelings and emotions and sometimes greetings and response. "哎呀" is one expressing surprise, delight, puzzle or perplexity and worrying or anxiety, e.g.

(1) 哎呀! 你的衣服怎么都淋湿了!

(2) 哎呀! 太好了!

(3) 哎呀! 我忘了带钢笔了。

(4) 哎呀! 我的车坏了，怎么办呢？

6．是不是要在这儿长住

对某件事有些猜测或判断，但又不十分肯定，如果要进一步明确这件事是肯定的还是否定的，就可以用"是不是"来提问。"是不是"可以用在谓语主要成分之前，也可以用在句首或句末。例如：

136

"是不是" is often used when one wants to reassure whether the guess or judgement he has made at a thing is true. "是不是" can be placed either in front of the main element of the predicate of the question or at the beginning or end of the question, e.g.

(1) 你们下星期是不是要考试？

(2) 是不是今天下午不开会了？

(3) 他们正在给过路的人作饭呢，是不是？

7. 一直

"一直"有两个意思：

"一直" carries the following two meanings:

A. 朝着一个方向不转弯。例如：

Someone goes in one direction without turning aside, e.g.

(1) 从这儿一直走，过了那座矮房子就是历史研究所。

(2) 你要去邮局吗？从这儿一直往东。

B. 表示动作从始至终不间断或情况从始至终不改变。例如：

An action continues without interruption or a state of affairs remains unchanged from beginning to end, e.g.

(1) 雪一直下了一天一夜。

(2) 我知道他家已经搬到工厂附近了，可是我一直没有去看他。

(3) 到南方以后，他的身体一直很好。

否定副词要放在"一直"的后面，如例（2）。

The negative word, if there is one, should be placed after "一直" as in Example (2).

8. 管了好多年

"管"有管理、负责某项工作的意思。例如：

"管" means "to take charge of" or "to be in (under) the charge of", e.g.

(1) 她一个人能管十台机器。

(2) 这个果园由他们几个人管。

"管"还有过问的意思。例如：

"管" also means "to concern oneself with", "to mind" or "to bother about", e.g.

(3) 这件事我们不能不管。

9. 不用说

"不用说"表示：根据情况或经验，可以判断事情一定是这样的。例如：

"不用说" means that, upon facts or one's own experiences, one forms a judgement that something must be as he expects, e.g.

(1) 我的自行车不在了，不用说，一定是弟弟骑走了。

(2) 从医院回来以后，我发现自己的衣服都洗干净了，不用说，一定是丁力帮（助）我洗的。

"不用说"常作独立成分。独立成分是独立于句子之外的成分。它不做句子的主语、谓语、宾语、定语、状语或补语，也不

138

起连接作用，不同句子的其他成分发生结构关系，可以放在句首，也可以放在句中，位置比较灵活。

"不用说" often acts as an independent element in a sentence. In Chinese, an independent element is not supposed to act as any sentence members such as subject, predicate, object, attributive, adverbial adjunct, complement, nor can it act as a conjunction. In a word, it has nothing to do with all the sentence members in grammatical function. "不用说" can occur either at the beginning or at the end of a sentence.

10. 不由得

"不由得" 表示对某种情况不由自主地产生某种反应。例如：

"不由得" indicates that one acts in response to an action or a situation naturally or spontaneously, e.g.

(1) 看见湖边的小树，他不由得想起和社员一起种的苹果树，恐怕现在已经结苹果了。

(2) 主人看到那句话，不由得哈哈大笑起来。

四、近 义 词 例 解

由　被（让、叫）

A. "由" 的作用是引出施事者，主要说明某事归谁做，它没有被动的意思。可以表示已完成的事情，也可以是将要去做的事情。动词后很少带表结果的补语，因为用"由"的句子重点不在于说明动作的结果。动词的受事者可以是主语，也可以是宾语。例如：

"由" serves to introduce the agent or doer of an action, indicating that some work is to be given to someone as a duty.

"由" has no passive sense and can apply to either a completed action or one to be done soon. In a sentence with "由" the verb seldom takes after it a complement of result since stress is not on the result brought about by the action represented by the verb. The recipient of the action represented by the verb may be either the subject or object, e.g.

(1) 小话剧的布景由我们几个人画。

(2) 由我们几个人画小话剧的布景。

"被" 字句主要表示被动，受事者要放在句首作主语，动词后多有表示完成的 "了" 或补语等，以说明动作的结果。例如：

In Chinese, "被" sentences show the passive. In a "被" sentence, the recipient of the action represented by the verb should be placed at the beginning of the sentence as the subject, The verb is usually followed either by "了" showing the completion of an action or by a complement to tell the result of the action, e.g.

(3) 小话剧的布景让我们几个人画坏了。

"被" 字句一般多用于不愉快、不如意的事情。凡是意外的行为或非主观上要进行的动作都不能用 "由"，但可以用 "被"。例如：

A "被" sentence usually applies to a situation which would be harmful or unpleasant to the recipient of the action represented by the verb. "由" can never apply to any unexpected actions one doesn't want to do, but "被" can be used this way, e.g.

140

（4）这件事被我们忘得干干净净。

（5）那支钢笔让我丢了。

B．"由"还可以用来引出构成事物的成分或方式、原因等。"被"不能这样用。例如：

"由" can also bring in the components of a thing or the manner or cause of some event, but "被" cannot be used this way, e.g.

（1）那个国家的政府代表团由十五人组成。

（2）"骑"马的"骑"字是由"马"、"大"和"可"三部分组成的。

（3）这种病可能是由感冒引起（yǐnqǐ, to give rise to）的。

C．"由"还有"从"的意思，表示起点。"被"没有这种意思。例如：

"由" also means "从" showing a starting point, but "被" has no such meaning, e.g.

（1）丁力的朋友是昨天由新疆来的。

（2）他由邻居那儿借来了一把斧子。

（3）春天到了，天气慢慢地由冷变暖（和）了。

五、练 习

1．读下列词组并用带 "·" 的词组造句：

画下来   照下来   写下来   记下来

留下来　　收下来　　住下来　　停下来

翻译下来　记录下来

2. 把"都"加在下列各句里：

(1) 十二月了，天气还这么暖和。

(2) 他的年纪不太大，可是头发白了。

(3) 时间不早了，村里的人生火作饭了。

(4) 天晚了，太阳落下山去了，该找个地方
住宿了。

(5) 时间过得多快呀，我们参加工作已经一
年了。

(6) 我离开家的时候，这个孩子才三岁，现
在上小学了。

3. 用"是不是"把下列陈述句改成疑问句：

(1) 他背着猎枪在树林里走来走去，可能是
个打猎的。

(2) 好多人在那儿写生，那里的风景一定很
美。

(3) 他身上的衣服都湿了，一定是让雨淋的。

(4) 这间草屋是特地为过路人准备的。

(5) 他的手指有点儿黄，可能很爱吸烟。

(6) 这个姑娘背的竹筒是装盐的。

4. 完成句子：

(1) 这么晚了，他还没回来，＿＿＿＿＿＿＿＿＿＿。
（恐怕）

(2) ＿＿＿＿＿＿＿＿＿，谁都不知道草屋的主
人是谁。（副词"好"）

(3) ＿＿＿＿＿＿＿＿＿，就可以找到住宿的地
方了。（一直）

(4) 我在这个村子＿＿＿＿＿＿＿＿，差不多
每家的情况我都清楚。（副词"好"）

(5) 天气不好，＿＿＿＿＿＿＿＿，你在这儿住
一夜，明天再走吧。（恐怕）

(6) 他大学毕业以后，＿＿＿＿＿＿＿＿，到现
在已经十几年了。（一直）

(7) 她穿的衣服＿＿＿＿＿＿＿＿！谁见了都
要回头看一看。（副词"好"）

(8) 我早就知道他已经到北京来了，＿＿＿＿＿
＿＿＿＿。（一直）

(9) 草屋的门开着，可是屋子里没有人，
＿＿＿＿＿＿＿＿。（恐怕）

5. 选词填空：

不用说　不由得

(1) 走在前边的那个姑娘，身上背着两个

竹筒，样子十分活泼可爱，我心里想：_____，她一定是梨花姑娘。

(2) 每当看到挂在墙上的照片，_____就会想起照片上的那些朋友。

(3) 天色已经晚了，前边没有村子，我们担心找不到住宿的地方，_____都着起急来。

(4) 要是我告诉大家，明天去参观的地方是长城，_____，大家一定都非常高兴。

由　被（让、叫）

(5) 经过大家讨论决定，这件工作_____他领导。

(6) 放在桌子上的辣椒都_____我们吃了。

(7) 那几张风景画儿都_____我的朋友借走了。

(8) 晏子回答楚王说："我们是根据对方国家国王的情况，决定_____谁当大使的。"

(9) 由于他常吸烟，他的手指都_____烟弄黄了。

(10) 外边的雨下得不小吧，你看，你的衣

144

服都＿＿＿＿雨淋湿了。

(11) 这间草屋是＿＿＿＿一队过路的解放军
盖成的。

(12) 今天参观的这个展览，＿＿＿＿五部分
组成。

(13) ＿＿＿＿这儿往北走，过了眼前的树林，
就到你说的那个村子了。

(14) 他坐＿＿＿＿上海到北京的火车，今天
晚上到。我准备去火车站接他。

6. 阅读短文，根据短文内容画出草图，再按照草图复述：

我有个朋友是画家（画画儿画得很好的人叫画
家）。他到过好多地方，画过好多写生画儿，
有山水画儿，有人物画儿。我很喜欢看他的画
儿。

有一天我去看他，他十分高兴地把新画的画
儿拿出来给我看。

第一张是风景画儿。画儿的中间有一个草
屋，草屋的左边有几棵苹果树，右边有几棵梨
树。梨树上开满了白色的梨花。草屋门口有一只
小狗。草屋后边是一片树林。草屋前边有一块
田，社员们正在田里劳动。

145

第二张画的是几个哈尼族青年，他们每个人手里都拿着一支猎枪，正在往前跑。两只猎狗（打猎用的狗）在最前边，飞快地跑着一直往前追。再远一点儿的地方是树林，猎狗都快追进树林里去了。树林后边是几座山，因为离得比较远，山画得不那么清楚。

　　第三张画的是几个瑶族姑娘，她们都穿着很漂亮的衣服，背上背着竹筒。有的竹筒里装着米，有的竹筒里装着盐，有的竹筒里装着辣椒。她们正说说笑笑地从山上下来，样子都非常活泼可爱。

　　我刚要看第四张，我朋友对我说："我们先吃饭，吃完饭再看吧！"我一看表，说："哎呀！时间过得真快，都到吃饭的时候了！"

第 六 十 八 课

一、课 文

东 郭 先 生 和 狼

东郭先生赶着驴，在路上慢慢地走着。驴背上驮着一个口袋，口袋里装着很多书。

忽然从后边跑来一只狼，慌慌张张地对东郭先生说："仁慈的先生，救救我吧！打猎的在后边追我，要把我打死。让我在你的口袋里躲躲吧！躲过了这场灾难，我永远也忘不了你的好处。"

东郭先生犹豫了一会儿，看看狼那种可怜的样子，就说："好吧，我救救你。"他把口袋打开，拿出里面的书，想把狼装进去。他怕狼在里面不舒服，这么装，那么装，总是装不好。

打猎的越来越近了，都能听见马跑的声音了。狼着急地说："先生，你能不能快一点儿？象你这样慢，哪儿是救我，简直是让他们来捉我了。"说着就躺在地上，让东郭先生把它的腿捆起来。东郭先生把狼捆好，装进口袋，上面放了些书，又赶着驴往前走了。

打猎的追上来一看，狼不见了，就问东郭先生："有只狼跑过来了，您看见没有？"东郭先生回答说："没看见。这儿有一条小路，也许从小路逃走了。"打猎的听了东郭先生的话，就沿着小路追下去了。

狼听见马跑的声音渐渐地远了，就在口袋里喊："先生，可以放我出去了。"东郭先生把它放出来，狼前后看了看，说："我现在饿极了，如果找不到吃的，就要饿死。先生既然救我，就

应该救到底。让我把你吃了吧！"说着就向东郭先生扑去。

东郭先生很害怕，只好借驴来抵挡。狼扑到驴这边，他就躲到驴那边，嘴里不住地骂："你这没良心的东西！你这没良心的东西！"

正在这个时候，前边来了一个老农民。东郭先生急忙把老农民拉住，请他评理。没等东郭先生把话说完，狼就抢着说："他刚才把我捆起来，装在口袋里，上边还压了很多书。这哪儿是救我，明明是想闷死我。这样的坏人还不该吃吗？"

东郭先生很生气，对老农民说，他救这只狼，只是因为可怜它，并没有别的意思。

老农民想了想说："你们的话我都不相信。这个口袋怎么装得下一只狼？我得看一看是怎么装进去的。"狼同意了。它又让东郭先生把它捆起来，装进了口袋。这时候，老农民对东郭先生说："现在你安全了。以后要记住，对这样的坏东西仁慈，就会害了自己。"

二、生　词

1. 狼　　（名）　láng　　　　wolf

2.	驴	（名）	lǘ	donkey
3.	背	（名）	bèi	back
4.	驮	（动）	tuó	to carry on the back
5.	口袋	（名）	kǒudai	sack
6.	慌张	（形）	huāngzhāng	flurried, flustered
7.	仁慈	（形）	réncí	kind, merciful
8.	躲	（动）	duǒ	to hide, to dodge
9.	场	（量）	cháng	*a measure word*
10.	灾难	（名）	zāinàn	disaster, calamity
11.	永远	（副）	yǒngyuǎn	always, forever
12.	好处	（名）	hǎochu	benevolence, mercy
13.	犹豫	（形、动）	yóuyù	uncertain, to hesitate
14.	可怜	（形、动）	kělián	pitiful, to pity
15.	里面	（名）	lǐmiàn	inside, within
16.	简直	（副）	jiǎnzhí	virtually, simply
17.	捉	（动）	zhuō	to seize, to catch, to capture
18.	腿	（名）	tuǐ	leg
19.	捆	（动）	kǔn	to tie
20.	上面	（名）	shàngmian	top, above
21.	也许	（副）	yěxǔ	perhaps, maybe
22.	沿（着）	（介）	yán (zhe)	along

23.	渐渐	（副）	jiànjiàn	gradually, little by little
24.	放	（动）	fàng	to let go, to set free, to release
25.	饿	（形、动）	è	hungry, to be hungry, to starve
26.	到底		dào dǐ	to the end, thoroughly
27.	扑	（动）	pū	to jump on (upon)
28.	害怕	（动）	hàipà	to fear, to be afraid
29.	借	（介）	jiè	by means of, by the help of
30.	抵挡	（动）	dǐdǎng	to resist, to parry
31.	嘴	（名）	zuǐ	mouth
32.	不住		bú zhù	not firmly, not securely
33.	良心	（名）	liángxīn	conscience
34.	评理		píng lǐ	to judge
35.	压	（动）	yā	to press, to lay (sth. heavy) on
36.	明明	（副）	míngmíng	quite clear, obviously
37.	闷	（动）	mēn	to stifle, to depress
38.	坏人	（名）	huàirén	bad person, evil-doer
39.	该	（能动）	gāi	should, ought to
40.	生气		shēng qì	to be (get) angry
41.	并	（副）	bìng	*an adverb placed before a negative word to show not as might be expected*

42. 相信	（动）	xiāngxìn	to believe, to trust
43. 得	（能动）	děi	must, to have to, should, to need
44. 安全	（形）	ānquán	safe
45. 害	（动）	hài	to cause harm to, to injure

专　名

| 东郭 | | Dōngguō | *surname of a person* |

三、词语例解

1．好吧

"好" 或 "好吧" 单独成句，表示同意。例如：

"好" or "好吧" can act as a one-word sentence, expressing one's consent or agreement, e.g.

(1) 明天咱们一起去颐和园，怎么样？

——好，明天我去找你，咱们一起去。

(2) 拿着酒壶的人说："我们每人画一条蛇，谁先画完，谁就喝这壶酒。"大家听了都说："好吧!"

2．简直

"简直" 用来强调完全达到或差不多达到了某种程度，有时是一种极端的程度。带有夸张的口气。例如：

"简直" is an intensive adverb used to emphatically indicate that something has completely or nearly developed to

152

a certain degree or even to the extreme sometimes. It usually implies an exaggerated statement, e.g.

(1) 今天的报告简直好极了，帮助我了解了好多情况。

(2) 他说得太快了，我简直一点儿也没听懂。

(3) 这张画儿画得太好了，简直跟真的一样。

(4) 安娜说汉语说得那么好，简直跟中国人一样。

(5) 今天真冷，简直象冬天了。

3. 让东郭先生把它的腿捆起来

复合趋向补语"起来"还有一种引申意义，就是表示由分散到集中或由展开到收拢。例如：

The compound directional complement "起来" has an extended usage, that is, indicating that scattered persons gather together or separated things are joined up, e.g.

(1) 让我们团结起来吧!

(2) 把这两个数目加起来就是一万。

(3) 那个老农民把砍的柴捆起来，准备背回家去。

4. 就沿着小路追下去了

复合趋向补语"下去"有一种引申意义，就是表示动作从现在继续到将来，后面一般不能有宾语。例如：

The compound directional complement "下去" also indicates an action starts from the present to the future. This is an extended usage in which no object occurs after "下去", e.g.

(1) 这个笑话太可笑了，你快讲下去吧！

(2) 座谈会还要继续开下去，你有什么想法，可以谈一谈。

5. 先生既然救我，就应该救到底

"到底"作补语有"一直到最后"的意思。例如：

As a complement, "到底" means "一直到最后", e.g.

(1) 我们一定要把革命进行到底。

(2) 孩子们对他们不懂的事情往往会提出很多问题，而且要一直问到底。

6. 没等东郭先生把话说完……

动词"等"后边如果跟着主谓结构或动宾结构，意思是"等到…的时候"或"等到…以后"，常有"就"、"再"与它呼应。否定形式是"没等…"、"不等…"。例如：

Followed immediately by a subject-predicate or verb-object construction, the verb "等" means "等到…的时候" or "等到…以后" and is often accompanied by "就" or "再". Its negative form is "没等…" or "不等…", e.g.

(1) 等他讲完了你再提意见。

(2) 等写完这封信我就去。

(3) 我们去晚了，还没等我们找到座位，电影就开始了。

7. 明明

"明明"的意思是：事实显然如此或确实如此，后面用表示转折或反问的句子来说明出现的与事实相反的情况。带有不理解、不满意或怀疑的语气。例如：

"明明" means "such is the obvious fact" or "such is indeed the case". The clause or rhetorical question that follows usually stresses something contrary or opposite to what is stated in the preceding clause, often implying incomprehension, perplexity, dissatisfaction or suspicion on the part of the speaker, e.g.

(1) 我的练习本子明明放在桌子上，怎么不见了？

(2) 狼明明知道东郭先生是救它，可是却对老农民说东郭先生想闷死它。

反问的句子有时也可以出现在用"明明"的句子前面。例如：

Sometimes the rhetorical question comes before the sentence with "明明" e.g.

(3) 怎么找不到他了？刚才我明明看见他进食堂来了。

8. 这样的坏人还不该吃吗

"还"在反问句中有加强语气的作用。课文中的"还不"是用否定形式来强调肯定的意思，句尾也可用上"吗"。例如：

When used in a rhetorical question, "还" intensifies the tone. "还不" in the text is the negative form of "还", which stresses affirmation. At the end of the question there may be a "吗" to go with it, e.g.

(1) 第一次学游泳，还能不喝几口水吗？

(2) 你干了那么长时间了，还不休息休息？

9. 该

能愿动词"该"有"应该"的意思。多用于口语。例如：

The optative verb "该" has the same meaning as that of "应该". In this sense, it is mostly used in colloquial speech, e.g.

(1) 这件衬衣脏了，该洗了。

(2) 他本来该九月回国，因为有事情，七月就 走了。

还可以表示根据情理或经验，推测必然或可能产生某种结果。例如：

"该" also indicates an inference from common sense or experience that something is bound to or may bring about a certain result, e.g.

(3) 这次小张该高兴了，他的研究成功了。

(4) 你总不注意休息，又该犯病了。

有时还有轮到的意思，后面常是名词、代词或主谓结构。例如：

Sometimes "该" means "it is one's turn to do sth." and is usually followed immediately by a noun, pronoun or subject-predicate construction, e.g.

(5) 下一个节目该你了。

(6) 明天该我们检查身体了。

10. 只是

"只是"有"不过是"、"仅仅是"的意思。例如：

"只是" means "不过是" or "仅仅是" (only, merely), e.g.

156

(1) 我今天进城，只是去看看朋友，买点儿东西，没有什么重要的事。

(2) 我借那本书只是看看里边的画儿，内容还看不懂。

11．并

"并"在"不"或"没有"前，用来加强否定的语气，常用在表示转折的句子里，有否定某种看法，说明真实情况的意味。例如：

When used before "不", "没有" or other negative expressions, "并" stresses negation. It usually occurs in the second clause of a compound sentence, which shows something opposite to what is related in the first clause to give real fact, e.g.

(1) 今天考试的问题虽然多，可是并不难。

(2) 昨天下了一夜雪，可是今天并不太冷。

(3) 你说的这件事，他并没有告诉我，我怎么能知道呢？

(4) 大家都以为我会说法语，可是我并不会。

四、近义词例解

怕 害怕 恐怕

"怕"有四个意思：

"怕" has the following four meanings:

A．表示畏惧。例如：

To indicate fear or dread, e.g.

(1) 我们什么困难都不怕。

(2) 有人说狗是不怕狼的。

B．表示经受不住。例如：
To indicate "cannot stand" or "cannot bear", e.g.

(1) 病人怕感冒，一感冒，他原来的病就更不容易好了。

(2) 这种布怕用热水洗。

C．表示担心。例如：
To indicate worry, e.g.

(1) 我怕他走不动，所以派了一辆汽车去接他。

(2) 你别怕他们太累，他们是不知道什么叫累的。

D．表示估计。例如：
To indicate "I'm afraid", e.g.

(1) 这块石头怕有两千多斤重吧？

(2) 他走了怕有二十天了。

"害怕"只有"怕"的A项意思，但侧重于描写主语遇到危险、恐惧时的心理状态，而"怕"则侧重于说明主语对……的畏惧。所以"害怕"多不带宾语，"怕"则多带宾语。例如：

"害怕" has the same meaning as A of "怕" only. In this sense, what "害怕" stresses is the state of mind of the person represented by the subject; with "怕", however, stress is laid on what the person represented by the subject fears or dreads, e.g.

(1) 狼看见打猎的，害怕了，才逃走。

(2) 她说："山后只有一间草屋，一个人也没有，我很害怕。"

另外，有些习惯的搭配，只能用"怕"，如："怕困难"、"怕苦"、"怕累"、"怕死"等。

In addition, in some set phrases such as "怕困难", "怕苦", "怕累" and "怕死", only "怕" is used.

"恐怕"主要表示估计，有"大概"、"也许"的意思。上面D项两个例句中的"怕"都可以换成"恐怕"。有时"恐怕"也兼有担心的意思，但因为它是副词，所以不能说"我恐怕你们……""我恐怕他……"等。上面C项两个例句中的"怕"都不能换成"恐怕"。"恐怕"可以放在主语前或主语后。例如：

"恐怕" chiefly indicates one's estimate of a thing or a situation, meaning "大概" or "也许". In the two examples in D above, "怕" can be replaced by "恐怕". Sometimes "恐怕" implies some worrying. "恐怕" is an adverb rather than a verb. So it is wrong to say "我恐怕你们…" or "我恐怕他…". In the two examples in C, "怕" cannot be replaced by "恐怕". "恐怕" can be placed either before or after the subject, e.g.

(1) 恐怕他不会同意这样作吧？

(2) 他们走了很多路，恐怕太累了。

五、练 习

1. 用"起来"或"下去"填空：

(1) 大夫把老海员轧断的手指接了＿＿＿＿＿。

(2) 他的话还没说完，让他说＿＿＿＿＿吧。

(3) 这件事情还没弄清楚，应该继续调查

　　＿＿＿＿＿＿＿。

(4) 请你把这些书捆＿＿＿＿吧，我要带走。

(5) 运动员的队伍已经集合＿＿＿＿了，表演
马上就要开始了。

(6) 这个问题不要再讨论＿＿＿＿了，就这样
决定吧。

(7) 我相信，这个工作继续进行＿＿＿＿，对
大家会有好处的。

2. 完成句子：

(1) 他走得那么快，你看他哪儿是在走，
＿＿＿＿＿。（简直）

(2) 他这几天太忙了，＿＿＿＿＿。（简直）

(3) 东郭先生虽然救了那只狼，＿＿＿＿＿。
（并）

(4) 出了草屋门，我们遇见一群背着竹筒的
姑娘，我以为走在前边的一定是梨花姑
娘，＿＿＿＿＿＿。（并）

(5) 这本书我借来已经很长时间了，＿＿＿＿
＿＿＿。（该）

(6) 已经十二点了，＿＿＿＿＿＿，我们
快点儿走吧。（该）

(7) 这个外国同学说汉语说得真好，_____
_____。（简直）

(8) 他两次让你去，你都没去,这次再不去,
_____。（该）

(9) 人们都说那个地方很冷,_____。(并)

3. 用所给的词和词组按照下边的例子造句:

例: 没等我把话说完，他就抢着说了。

(1) 画完蛇脚　　　抢过去
(2) 提完意见　　　生气
(3) 追上　　　　　跑到家
(4) 放好自行车　　骑走

例: 这哪儿是救我，明明是想闷死我。

(1) 酒　　　　　　汽水
(2) 条件不好　　　不努力
(3) 我弄坏的　　　别人弄坏的
(4) 有好处　　　　是灾难

例: 我送给他这本词典，只是为了让他好好
学习，并没有别的意思。

(1) 用这么大声　　让他听清楚
(2) 说这句话　　　开个玩笑
(3) 躲在这儿　　　你的安全
(4) 走这条近路　　少用点儿时间

例： 你既然救我，就应该救到底。

(1) 开始了这件工作　　作

(2) 要走这条路　　　　走

(3) 想帮助他　　　　　帮

(4) 决定学画画儿　　　学

4. 把下列陈述句改成带"还"的反问句：

例：这个消息这么重要，你应该早一点儿告诉他。

这个消息这么重要，你还不该早一点儿告诉他？

(1) 屋子里那么黑，该开灯了。

(2) 衣服淋得这么湿，应该去换一件。

(3) 屋子里的空气太坏，该开开窗户了。

(4) 眼前的风景多美呀，应该照几张相。

(5) 你们已经调查了那么长时间，应该把事情调查清楚了。

(6) 驴驮着那么多东西，走了那么多路，应该让它休息休息。

5. 选词填空：

怕　恐怕　害怕

(1) 打猎的在后边追狼，狼非常＿＿＿＿＿＿。

(2) 屋子里没有人，他＿＿＿＿＿＿已经离开这儿了。

(3) 不用_____，那是一条狗，不是狼。

(4) 既然一定要按时完成这个任务，就不能
_____苦，_____累。

(5) 天这么黑，_____要下雨了。

(6) 别_____去不了，一会儿汽车就来送我
们去。

(7) 把孩子一个人留在家,孩子会_____的。

(8) 他为什么还犹豫呢？_____对你说的话
还有点儿不相信。

(9) 这条河的水不深,别_____,能过得去。

6. 把本课课文改成小话剧。

7. 阅读下面的短文并复述:

老农民和蛇

一个老农民，慢慢地在路上走着。他是到田
里去干活的。忽然，他发现路旁边有一条蛇。由
于天气太冷，这条蛇躺在那里，快要死了。老农
民想救这条蛇，又怕把它救活，它会害自己。老
农民犹豫了一会儿，看看蛇那种可怜的样子，最
后还是决定救它。

老农民从地上把蛇拿起来，放到自己的衣服

里面。他怕蛇在里面不舒服，这样放，那样放，总是放不好，最后才把它放在最里边的衣服里，让它紧紧地靠着自己的身体。

蛇在这样暖和的地方，渐渐地活过来了。老农民感到蛇慢慢地动起来了，心里十分高兴。他小心地把蛇从衣服里拿出来，心里想：现在我把你救活了，你又能继续活下去了。虽然我并不想让你感谢我对你的好处，但是我总是救了你。

老农民正这样想着，哪知道那条被救活的蛇，却回过头来咬（yǎo, to bite）了老农民一口。立刻，老农民觉得被咬的地方，非常疼，接着，全身也都疼起来。他走不动了，躺在了路旁边。

老农民知道自己活不了了，他看着那条蛇，生气地说："明明是我救了你，你反而要来害我。你这没良心的东西，简直太坏了。刚才我真不该救你。

但是等老农民明白这个道理的时候，已经太晚了。

第 六 十 九 课

推　敲

　　古时候人们作诗，常常是一边心里想着诗句，一边嘴里低声地读出来。唐代有个诗人名叫贾岛，他作诗十分刻苦、认真。他的每一句诗，每一个字，几乎都要反复修改。他一天到晚嘴里总是不停地念着诗句。当时流传着不少关于他刻苦作诗的故事，"推敲"就是其中的一个。

　　据说，这是贾岛在京城参加考试时的事情。有一天，贾岛骑着一头小驴，到街上去玩儿。在路上，他想出了两句诗："鸟宿池边树，僧推月下门。"描写的是一个非常安静的环境。贾岛反复读这两句诗，觉得把其中的"推"字改成"敲"字，也许更好一些。改不改呢？他一时决定不了，于是就在驴背上一遍一遍地读，同时还用手作着"推"和"敲"的动作，反复地比较。他完全忘记自己是骑着驴在街上走，小驴也跟没人管一样，朝前乱跑。

165

　　就在这时候，前面来了一个大官。封建时
代，大官出门，老百姓必须远远地躲开。可是这
位贾岛，一心想着诗句，而且还在不停地作着
"推"和"敲"的动作，小驴驮着他一直闯到大
官的面前。卫兵立刻过去把他从驴背上拉了下
来。这时贾岛才知道自己闯了祸。他见了那个大
官，就老老实实把自己一心想诗句的情况说了一
遍，希望大官能原谅他。

　　事情真巧，原来那个大官是唐代有名的诗人

韩愈。他听了贾岛说的情况，知道是因为作诗才撞了他的车马，不但没生气，反而停下，跟贾岛一起谈起诗来。贾岛听说这个大官就是韩愈，非常高兴，就问他对这两句诗的意见。韩愈想了想，说："我觉得'敲'字比'推'字好。静静的夜里，在月光下，一个僧人'得得'地敲着山门，这个情景是很美的。"于是贾岛就把"推"字改成了"敲"字。我们现在用的"推敲"这个词，就是从这个故事来的，意思是指对词句进行分析、比较，反复考虑，努力要求用得准确生动。

二、生 词

1. 敲	（动）	qiāo	to strike, to knock
2. 推敲	（动）	tuīqiāo	to weigh and consider, to ponder
3. 诗	（名）	shī	poem
4. 诗人	（名）	shīrén	poet
5. 刻苦	（形）	kèkǔ	assiduous, hardworking
6. 几乎	（副）	jīhū	almost, nearly
7. 反复	（动）	fǎnfù	to repeat
8. 修改	（动）	xiūgǎi	to modify, to revise, to correct
9. 当时	（名）	dāngshí	at that time, then
10. 流传	（动）	liúchuán	to spread, to circulate

11.	关于	（介）	guānyú	about, on, concerning, with regard to
12.	其中	（名）	qízhōng	among (whom or which)
13.	据说		jù shuō	it is said that, to be said to
14.	京城	（名）	jīngchéng	capital
15.	头	（量）	tóu	*a measure word*
16.	鸟	（名）	niǎo	bird
17.	宿	（动）	sù	to dwell, to stay overnight
18.	池	（名）	chí	pond, pool
19.	僧	（名）	sēng	monk, priest
20.	月	（名）	yuè	the moon
21.	描写	（动）	miáoxiě	to describe
22.	环境	（名）	huánjìng	circumstances, environment, surrounding
23.	一时	（名）	yìshí	for a while, for the time being
24.	同时	（名）	tóngshí	at the same time, simultaneously
25.	动作	（名）	dòngzuò	action, movement
26.	完全	（形）	wánquán	entire, complete
27.	忘记	（动）	wàngjì	to forget
28.	朝	（介、动）	cháo	to, towards, to go (move) toward
29.	乱	（形）	luàn	disorderly, confused

168

30. 官	（名）	guān	official
31. 封建	（名、形）	fēngjiàn	feudalism, feudal
32. 时代	（名）	shídài	times, era
33. 老百姓	（名）	lǎobǎixìng	common people, ordinary civilian
34. 必须	（能动）	bìxū	must, to have to
35. 一心	（副）	yìxīn	with one heart and one mind, heart and soul, concentrate
36. 而且	（连）	érqiě	moreover, besides, and (not only . . .) but also . . .
37. 闯	（动）	chuǎng	to rush in by force or improperly, to force one's way in or out
38. 闯祸		chuǎng huò	to precipitate a disaster, to lead to trouble
39. 老实	（形）	lǎoshi	honest
40. 巧	（形）	qiǎo	coincidental, opportune, as it happens, as luck would have it
41. 有名	（形）	yǒumíng	famous, well-known
42. 撞	（动）	zhuàng	to clash into, to knock into
43. 静	（形）	jìng	quiet, tranquil
44. 月光	（名）	yuèguāng	moonlight
45. 得得	（象声）	dēdē	*onomatopoeia*

169

46.	山门	（名）	shānmén	gate to a monastery
47.	情景	（名）	qíngjǐng	general aspect, situation, scene
48.	考虑	（动）	kǎolǜ	to think over, to ponder over
49.	要求	（动、名）	yāoqiú	to demand, to require
50.	准确	（形）	zhǔnquè	accurate, precise, exact
51.	生动	（形）	shēngdòng	vivid, lively

专 名

1.	唐代	Tángdài	the Tang Dynasty
2.	贾岛	Jiǎ Dǎo	*name of a person*
3.	韩愈	Hán Yù	*name of a person*

三、词 语 例 解

1. 几乎

"几乎"是副词，表示非常接近某种程度。例如：

"几乎" is an adverb meaning "almost", "nearly" or "so···that···", e.g.

(1) 他激动得几乎说不出话来。

(2) 他们两个人对这句诗的修改意见几乎完全一样。

(3) 这个村子的变化太大了，这次我回来，几乎很多地方都不认识了。

170

2．关于

用"关于"构成的介宾结构，表示关联、涉及的范围、方面或内容，可作定语、状语。作状语时，要放在主语前面。例如：

Preposition-object constructions formed of the preposition "关于" and its object show the scope, respect or content related or involved. The construction "关于…" may function as either an attributive or adverbial adjunct. As an adverbial adjunct, "关于…" must be placed before the subject, e.g.

(1) 他作了一个关于汉语发展史的学术报告。

(2) 我们看了一个关于怎样写汉字的电影。

(3) 关于这方面的问题，他在报告中已经作了分析。

(4) 关于历史人物的研究，我们下一次再讨论。

(5) 关于怎样搞好翻译课，大家正在讨论研究。

(6) 我看了那篇《关于如何正确使用标点符号》的文章。

3．其中

"其中"就是"那里边"，"其"复指已经提到过的人或事物。例如：

"其中" means "among whom or which". "其" refers to the persons or things mentioned before, e.g.

(1) 去年这个公社办了六个工厂,其中四个已经开始生产了。

(2) 离这个城市大约一百公里的地方,有几个现代化的工厂,其中大部分是最近几年修建的。

4. 一时

"一时"的意思是在事情发生的那一短暂时间内,可以作定语或状语。例如:

"一时" means "for the time being", "within a momentary period of time" or "in a twinkling". It may serve as either an attributive or adverbial adjunct, e.g.

(1) 作工作不能只靠一时的热情。

(2) 大娘看着小刘把粮食给她送到家里来,一时感动得说不出话。

5. 同时

表示同一个时候。例如:

"同时" means "at the same time" or "meanwhile", e.g.

(1) 我们两家是同时搬进新楼的。

(2) 我们不但要练习听和说,同时还要练习读和写。

(3) 老师在讲新课的同时,总要用各种办法复习旧词。

表示进一步,有"并且"的意思。例如:

"同时" also means "furthermore", implying "并且", e.g.

172

(4) 中国人民解放军是一个战斗队，同时也
是一个工作队、生产队。

(5) 他是我的老师，同时也是我的朋友。

6. 乱

"乱"是形容词，表示没有秩序，没有条理。例如：

"乱" is an adjective meaning "disorderly" or "unmethodical", e.g.

(1) 我写得很乱，你能看清楚吗？

(2) 书架上的书摆得整整齐齐，一点儿也不
乱。

"乱"作状语时，表示任意、随便。例如：

"乱", as an adverbial adjunct, means "at will", "at random" or "not properly", e.g.

(3) 报和杂志看完了，不要乱放，应该放在
书架上。

(4) 别把没用的纸乱扔。

四、近 义 词 例 解

关于　对于　对

"关于"、"对于"、"对"都是介词（"对"还可以是动词），由它们构成的介词结构都可以作定语和状语。

"关于"，"对于" and "对" are all prepositions（"对" is a verb as well）. Prepositional constructions formed of "关于"，"对于" and "对" and their objects can function as attributives or adverbial adjuncts.

"关于"和"对于"不同。

Differences between "关于" and "对于" are:

A. "关于"是指出范围，表示关涉的人或事物；"对于"是指出对象，强调主观对待。下面句子里的"关于"都不能换成"对于"。例如：

"关于" shows a certain scope and introduces the person or thing related or involved; "对于" emphasizes how one treats as a subjective action. "关于" in the following sentences cannot be replaced by "对于"：

(1) 中国古代寓言里关于狼的故事很多。

(2) 他读的中文小说不少，有关于中国解放战争的，也有关于农村人民公社的。

(3) 关于要从实际出发的问题，他们准备举行一次座谈会。

下面句子里的"对于"都不能换成"关于"。例如：

"对于" in the following sentences cannot be replaced by "关于"：

(4) 我很想知道你对于这个问题的意见。

(5) 领导同志对于我们的生活和学习非常关心。

(6) 汉字对于某些国家的留学生是比较难的。

有时，同样一个句子可以用"关于"，也可以用"对于"。用"关于"时，侧重说明在哪个范围内，或在哪方面；用"对于"时，侧重于指出说明的对象。例如：

174

In some cases, however, either "关于" or "对于" can be used in the same sentence. The difference is that the scope or respect is stressed when "关于" is used, and the object is stressed when "对于" is used, e.g.

(7) 对于
关于这个问题，每个人都谈了一下自己的想法。

(8) 关于
对于唐代诗人贾岛的情况，我知道的不多。

B. 作状语时，"关于…" 放在主语前，"对于…" 可以放在主语前，也可以放在主语后。

As an adverbial adjunct, "关于…" should be placed before the subject, and "对于…" can be placed either before or after the subject.

C. 由 "关于" 构成的介宾结构、可以作书名或文章、报告的题目。"对于" 不能这样用，如果要用，往往把 "对于…" 用作定语。例如：

Preposition-object constructions formed of "关于" and its object can act as titles of books, articles, reports or lectures. "对于" cannot be used this way. If so used, it is necessary to put "对于" before what it qualifies as an attributive, e.g.

(1) 最近我从杂志上看到一篇很好的文章——《关于诗人贾岛》。

(2) 在经验交流会上，玛丽讲了她的《对于如何提高汉语水平的意见》。

D．"关于…"可以放在"是…的"格式里作谓语。"对于…"不能。例如：

"关于…" can be inserted in the construction "是…的" as the predicate while "对于" cannot, e.g.

(1) 那篇文章是关于什么的？

(2) 马老师作的报告是关于教学方法的。

"对于"和"对"很相近，凡是用"对于"的地方都可以换成"对"，但"对"有两个意思是"对于"所没有的：

"对于" and "对" are similar in meaning and interchangeable in usage. Following are the two meanings peculiar to "对"：

A．"对"有时有"向"或"跟"的意思。例如：

"对" means "向" or "跟" sometimes, e.g.

(1) 他对我笑了笑说："没关系，别客气！"

(2) 她对我说，明天她要跟代表团出国了。

B．"对"有"对待"的意思。例如：

"对" also means "对待"，e.g.

(1) 工人同志对我们非常热情。

(2) 哈尼族的姑娘对过路的人怎么样？

上述两种情况，"对…"只能放在主语后面。

In the two cases above, "对…" can only be placed after the subject.

五、练 习

1. 用"几乎"改写下面的句子:

(1) 听到这个消息,他高兴得快要跳起来了。

(2) 如果老农民不来,东郭先生很可能被狼吃掉。

(3) 这儿的人我差不多都问了,他们都不知道这个情况。

(4) 狼对老农民说,它在口袋里都快闷死了,因此东郭先生不是要救它。

(5) 那本关于有名诗人的书,还在我这儿,你要是不说,我都忘记了。

2. 完成句子:

(1) 这个诗人写过很多篇诗,_____。(其中)

(2) 早上,我们遇见一群背竹筒的姑娘,_____。(其中)

(3) 北京有不少公园,_____。(其中)

(4) 这几个标点符号,我还掌握不好,_____。(其中)

(5) 他屋子里的东西整齐极了,_____。(乱)

(6) 这是一座有名的古代建筑,我们参观的时候要特别注意,_____。(乱)

(7) 书架上的书刚放好，_____。（乱）

(8) 你让我改的那几个句子，我已经改好了，但是_____，恐怕你看不清楚。（乱）

3. 选词填空：

　　关于　对于　对

(1) 今天的课讲的是_____标点符号的用法。

(2) _____这个问题，现在先不作决定，以后再讨论。

(3) 你_____这个问题有什么意见，我们很想听一听。

(4) 那儿的人_____我们都很热情。

(5) _____这方面的情况，他已经_____我说过了。

(6) 这本书是_____几个有名的诗人刻苦努力、反复修改诗句的故事。

(7) _____狼这样的坏东西仁慈，就会害了自己。

(8) 我觉得_____诗里的这个句子，还应该反复推敲。

(9) 我说的这件工作，_____他一点儿也不困难。

(10) _____你提出的要求，我们准备再研究一次。

　　一时　　同时

(11) 贾岛骑着驴撞到大官的面前，才发现自己闯了祸，_____不知道怎么办才好。

(12) 我们_____从这儿出发，看谁先到那儿。

(13) 韩愈是个大官，_____也是一个有名的诗人。

(14) 说汉语的时候，当然应该注意语法，但是_____也必须注意发音和声调。

(15) 由于_____的激动，他竟忘记自己是在什么地方了。

(16) 写文章的时候，我们在想到句子意思的_____，还应该考虑到怎样表达得更准确、更生动。

4. 按照课文回答问题：

(1) 贾岛常常怎么样作诗？

(2) 有一次他在路上闯了什么祸？

(3) 贾岛是为什么闯祸的？

(4) 贾岛闯了祸，韩愈生气了吗？为什么？

(5) "推敲"这个词是怎么来的？

5. 阅读短文：

　　李贺（Lǐ Hè）是唐代有名的诗人，他从小时候起，就很喜欢作诗。十几岁的时候，他几乎每天都要作诗。他常常是一边骑着驴走路，一边想着诗句。诗句想好了，就马上记下来。每次写完诗以后，都要大声地念几遍。对于每一句诗，每一个词，都要反复推敲，反复修改，一直到觉得每个句子都很好了，才把诗放进口袋里。

　　有一年夏天，李贺到京城去访问有名的诗人韩愈。正巧韩愈刚从很远的地方回来。那一天天气特别热，韩愈觉得又累又困（kùn,sleepy），很想马上睡觉，就想让人告诉来访问的人明天再来。可是当他听说来的是个青年，而且带来一本诗请他修改的时候，不由得立刻把那本诗拿了过来。哪知道韩愈刚看了一句，马上从床上坐起来，嘴里不住地说："哎呀，好诗，真是好诗啊！"没等他把诗看完，立刻就让人把这位青年诗人请了进来。这时候，他一点儿也不觉得困了。

　　韩愈一看，来的人是李贺，十分高兴。原来韩愈很早就认识李贺。那是在李贺七岁的时候，韩愈听朋友说七岁的李贺能作诗，他有些不相信。后来，韩愈到了李贺家，让李贺作诗，李贺当时立刻作出来了，而且作得很不错，他才相信。

　　韩愈看看眼前的李贺，又看看桌上的诗，对李贺说："你已经长大了，诗也写得更好了。以后应该继续努力啊！"

第七十课

李 四 光

　　李四光是中国有名的地质学家。他一生为祖国的建设事业，作出了很大贡献。

　　李四光的最大功绩，是为中国找到了石油。从前，不少外国学者曾经说过，中国是个"贫油"国家。中国地下的石油到底多不多？中国的石油工业究竟有没有发展前途？这是关系到中国

182

经济发展的问题，是需要地质工作者很快作出回答的问题。

李四光根据他的地质学理论，经过多年的调查研究，认为中国的东北平原、华北平原等地，存在产生石油的条件，这些地区地下有石油。他提出，应该在这些地区进行石油普查。李四光的意见，得到了毛泽东主席和周恩来总理的支持。

一九五五年，对东北平原和华北平原的石油普查工作开始了。李四光亲自参加了这项工作。经过三、四年的努力，首先发现了大庆油田，接着又发现了大港油田和胜利油田。事实完全证明了李四光的科学预见：中国不是"贫油"国家，中国的石油资源非常丰富。从找到大庆油田以后，中国的石油工业很快发展起来了，石油产量一年比一年提高。现在，不但国内各方面用的石油，都是中国自己生产的，而且出口的石油，每年都有增加。

地质力学是李四光创立的一门新的科学。地球上的山、河、平原、丘陵等，是怎么形成的呢？多少年以来，不少地质学家只能作一些现象的描写。李四光用力学的原理，对这些现象进行了分析。经过多年的刻苦研究，他认为自然界的地质现象，是有一定联系，有一定规律的。同一运动方式产生的各种构造，组成一个构造体系；不同的运动方式，则产生不同的构造体系。这样，他就使地质学进入了一个新阶段。

李四光是湖北省人，青年时代曾经到日本留过学。回国以后，一边在大学教课，一边作科学研究工作。从三十年代起，他写了很多重要论文，成了国际上有名的地质学家。

李四光热爱祖国，热爱人民，很早就热情支持中国人民的革命事业。一九四五年，周恩来同志在重庆曾经两次接见他，根据当时的环境，希望他到国外去。一九四七年，李四光到了英国。一九四九年，中国人民的革命斗争胜利了，中华人民共和国诞生了。李四光虽然在国外，但是他的心早就飞回了祖国。

一九五〇年五月，李四光回到了北京。新的生活开始了。他是新中国的地质部部长。二十多年里，他一边作领导工作，一边继续进行地质科学研究，参加实践活动。他根据国家的需要，进行了很多方面的地质研究，取得了很大成绩。

一九七一年，李四光因病逝世了，当时八十二岁。在向四个现代化的进军中，李四光是中国科技工作者学习的榜样。

二、生　词

1. 地质学（名） dìzhìxué geology
2. 家　　（尾） jiā *a nominal suffix for such words as writer, artist, etc.*
3. 一生　（名） yìshēng all one's life, life time
4. 事业　（名） shìyè cause
5. 贡献 （动、名） gòngxiàn to contribute, to render service, contribution
6. 功绩　（名） gōngjī merits, achievement
7. 石油　（名） shíyóu petroleum
8. 学者　（名） xuézhě scholar
9. 曾经　（副） céngjīng (at) some time in the past
10. 贫油　　　 pín yóu to be poor in oil
11. 究竟 （副、名） jiūjìng after all, whys and wherefores, the reasons for
12. 前途　（名） qiántú prospect, future
13. 经济 （名、形） jīngjì economy, economic
14. 地质　（名） dìzhì geology
15. 者　　（尾） zhě *a nominal suffix, equivalent to -er, -or, -ist, etc.*
16. 理论　（名） lǐlùn theory

17. 认为	（动）	rènwéi	to take for, to consider, to regard as
18. 平原	（名）	píngyuán	plain
19. 产生	（动）	chǎnshēng	to produce, to give rise to, to bring about
20. 地区	（名）	dìqū	area
21. 普查	（动）	pǔchá	to make a general investigation (survey)
22. 总理	（名）	zǒnglǐ	premier
23. 支持	（动）	zhīchí	to support
24. 亲自	（副）	qīnzì	personally, in person
25. 项	（量）	xiàng	*a measure word*
26. 首先	（副）	shǒuxiān	first of all, above all, in the first place
27. 油田	（名）	yóutián	oilfield
28. 证明	（动、名）	zhèngmíng	to prove, to confirm, proof
29. 预见	（名、动）	yùjiàn	foresight, prediction, to foresee
30. 资源	（名）	zīyuán	resources
31. 国内	（名）	guónèi	inside the country
32. 出口	（动、名）	chūkǒu	to export, export
33. 力学	（名）	lìxué	mechanics

186

34. 创立	（动）	chuànglì	to set up, to establish
35. 门	（量）	mén	*a measure word*, branch
36. 地球	（名）	dìqiú	the earth
37. 丘陵	（名）	qiūlíng	an earthen mound, hill
38. 形成	（动）	xíngchéng	to take shape, to form, to become
39. …以来		… yǐlái	since
40. 现象	（名）	xiànxiàng	phenomenon
41. 原理	（名）	yuánlǐ	principle, theory
42. 自然界	（名）	zìránjiè	natural world, nature
43. 联系	（动、名）	liánxì	to contact, to get in touch with, to connect, ties, connection
44. 规律	（名）	guīlǜ	law
45. 同一	（形）	tóngyī	same
46. 运动	（名）	yùndòng	movement
47. 方式	（名）	fāngshì	fashion, way, manner
48. 构造	（名）	gòuzào	structure, construction, to construct
49. 体系	（名）	tǐxì	system
50. 则	（连）	zé	but, however, then
51. 使	（动）	shǐ	to make, to cause

187

52.	进入	（动）	jìnrù	to enter, to make one's way into
53.	阶段	（名）	jiēduàn	period, stage
54.	留学	（动）	liúxué	to study abroad, to go abroad for further study
55.	年代	（名）	niándài	years
56.	论文	（名）	lùnwén	essay, thesis
57.	热爱	（动）	rè'ài	to love
58.	接见	（动）	jiējiàn	to receive, to give an interview
59.	国外	（名）	guówài	abroad
60.	胜利	（动、名）	shènglì	to win victory, victory, triumph
61.	诞生	（动）	dànshēng	to be born, to give birth to
62.	部	（名）	bù	ministry
63.	部长	（名）	bùzhǎng	minister
64.	实践	（动）	shíjiàn	to practise, to put in practice
65.	取得	（动）	qǔdé	to obtain, to achieve, to get
66.	成绩	（名）	chéngjī	achievement
67.	逝世	（动）	shìshì	to pass away, to die
68.	向	（介）	xiàng	to, towards
69.	进军	（动）	jìnjūn	to march on, to advance

70.	科技	（名）	kējì	science and technology
71.	榜样	（名）	bǎngyàng	example, model

专　名

1.	李四光	Lǐ Sìguāng	*name of a person*
2.	毛泽东	Máo Zédōng	Mao Zedong
3.	周恩来	Zhōu Ēnlái	Zhou Enlai
4.	大庆油田	Dàqìng Yóutián	Daqing Oilfield
5.	大港油田	Dàgǎng Yóutián	Dagang Oilfield
6.	胜利油田	Shènglì Yóutián	Shengli Oilfield
7.	湖北省	Húběi Shěng	Hubei Province
8.	日本	Rìběn	Japan
9.	重庆	Chóngqìng	Chongqing
10.	英国	Yīngguó	Britain

三、词语例解

1. 家

带词尾"家"的名词，表示掌握某种专门学识并有所成就或从事某种专门活动的人。例如：

Nouns plus the suffix "家" usually refer to those who have a good command of a branch of learning or knowledge in a certain field and achieve great successes or are engaged in special pursuits in a certain sphere, e.g.

科学家　　地质学家　　数学家　　历史学家

文学家　　音乐家　　　画家　　　理论家

思想家　　革命家　　　旅行家　　社会活动家

2．这是关系到中国经济发展的问题

名词"关系"常见的有下列四种意思：

As a noun, "关系" has the following four meanings:

A．事物之间相互作用、相互影响的状态。例如：

The relation between two things, e.g.

(1) 我们应该正确认识生产和生活的关系。

(2) 这本书是讲现代汉语语法的，和古文字没有关系。

B．人和人的某种性质的联系。例如："同志关系"、"师生关系"、"军民关系"、"父子关系"、"母女关系"、"夫妻关系"等。

The relation between two persons or two groups of people, e.g. "同志关系", "师生关系", "军民关系", "父子关系", "母女关系" and "夫妻关系" etc.

C．对有关事物的影响或重要性，常说"关系大小"或"有没有关系"。例如：

Indicating the influence on or the importance to something. We have such common phrases as "关系大小" and "有没有关系", e.g.

(1) 这句话后面用不用逗号，关系不大。

(2) 现在大家都不饿，晚一点儿吃早点，没关系。

D．指受到某种限制，常和"因为"、"由于"连用。例如：
Indicating something is restricted by a certain condition and often used together with "因为" or "由于"，e.g.

(1) 因为时间的关系，另外的两个问题明天再讨论吧。

(2) 由于天气的关系，他今天没有出去写生。

动词"关系"有"关联"、"牵涉"的意思，常带结果补语"到"或动态助词"着"。例如：

As a verb, "关系" means "关联(to concern)" or "牵涉" and more often than not takes after it "到" as its complement of result or the aspect particle "着"，e.g.

(1) 这次考试成绩的好坏，关系到我能不能毕业。

(2) 我们刚才讨论的是关系到怎么样提高教学水平的问题，下午还要继续讨论。

(3) 工农业生产的发展，关系着人民生活水平的提高。

(4) 中文水平的高低，关系着以后的专业学习。

3．者

动词、形容词后面加上"者"构成名词，一般指从事某种活动或有某种特性的人。例如："革命者"、"劳动者"、"作者"、"读者"、"译者"、"成功者"、"胜利者"、"强者"、"老者"等。

名词后面加上"者"，一般指有某种信仰或从事某种工作的人。例如："科学工作者"、"语（言）文（字）工作者"、"国际主义者"等。

在"前"、"后"或数词之后加上"者"，指示代替前面提到的人或事。例如："前者"、"后者"、"二者"、"三者"。

A verb or an adjective plus the suffix "者" forms a noun which refers to those who perform a certain action represented by the verb or possess a certain nature or quality shown by the adjective, e.g. "革命者"，"劳动者"，"作者"，"读者"，"译者"，"成功者"，"胜利者"，"强者" and "老者".

A noun plus "者" usually refers to those who have a faith in a certain doctrine or principle or go in for a certain profession, e.g. "科学工作者"，"语（言）文（字）工作者"，"国际主义者" etc.

"前"，"后" or a numeral plus "者" often refers to what goes before in the context, e.g. "前者"，"后者"，"二者" and "三者" etc.

4. 亲自

"亲自"表示由于重视某事或某事需要，因而自己去作。例如：

"亲自" indicates that someone does something in his own person because he takes it seriously or it requires his presence, e.g.

(1) 老人亲自到他家去表示感谢。

(2) 这位厂长作工作总是亲自布置任务，亲自检查。

(3) 这件事需要你亲自去办。

5. 证明

(1) 这个意见听起来有些道理，但是究竟正确不正确，还需要事实来证明。

(2) 他的判断是正确的，已经得到了证明。

(3) 这几个大油田的发现完全证明了中国的石油资源是非常丰富的。

名词"证明"还可以是证明书或证明信的意思。例如：

The noun "证明" also means "certificate" or "identification", e.g.

(4) 买这种药，必须有大夫的证明，请您给我开一个证明吧。

6. …以来

"以来"如果放在表示时点的词语后面，是表示从那时开始到说话时为止的一段时间。有时在表示时点的词语前面有"自"、"从"、"自从"等，跟"以来"呼应。例如：

"以来", when added to a word or phrase denoting a point in time, means a period of time from some time in the past to the present. Sometimes there may be a "自", "从" or "自从" before that word or phrase to go with "以来", e.g.

(1) 解放以来，这里盖了很多新楼。

(2) 到中国以来，我认识了不少新朋友。

(3) 从1958年以来，这里的粮食产量提高了两、三倍。

"以来"如果放在表示时段的词语后面，表示从那段时间的起点开始到说话时为止的一段时间。这时，也可以说"…来"。例如：

"以来"，also "…来"，when added to a word or phrase denoting a period of time, means the time from the starting point of that period up to the present, e.g.

(4) 三个月以来，我的汉语水平提高了不少。

(5) 最近几年来，工农业的发展比较快。

(6) 三天以来，他一直在反复考虑这个问题。

7. 联系

"联系"是动词，也是名词。名词"联系"作宾语时，和它搭配的动词学过的有"有"、"取得"等。例如：

"联系" is a verb, and a noun as well. When the noun "联系" is used as an object, the predicative verbs we have learned are usually "有" and "取得"，e.g.

(1) 昨天我去工厂联系了一下参观的问题。

(2) 理论必须联系实际。

(3) 作一个领导干部一定要注意联系群众。

(4) 中学毕业以后，我们两个人虽然不在一起了，可是还一直有联系。

(5) 我们这次去南方办事，要路过上海和南京，应该首先和这两个地方取得联系。

8. 则

连词"则"是文言虚词，现在只用于书面语。连接两个句子

194

表示对比时，用在第二分句里。可以放在主语后，也可以放在主语前，带有转折的语气。例如：

The conjunction "则" is a function word in classical Chinese and is still used only in modern writings. It is usually used to connect the two clauses of a compound sentence showing comparison and occurs in the second clause. It can be put either after or before the subject. In either of the cases, it gives an adversative tone.

(1) 汉字对某些国家的学生来说不难，对另外一些国家的学生来说则很难。

(2) 以前赛球，我们总是输，这次则完全不同，五场比赛，我们赢了四场。

9. 周恩来同志在重庆曾经两次接见他

"两次接见他"是"接见他两次"的意思，为了表示强调，把动量词提到动词前。例如：

"两次接见他" is equivalent to "接见他两次". In the text, it is for the sake of emphasis that the verbal measure word "两次" is transposed to the verb "接见", e.g.

(1) 我们学校的足球队曾经两次输给了他们学校。

(2) 他曾经三次出国访问。

10. 但是他的心早就飞回了祖国

"早"作状语时，可以用来强调某种情况很早以前就已经存在或发生了。"早"后面常有副词"就"或"已（经）"等。例如：

Used as an adverbial adjunct, "早" emphatically indicates that something began to exist or took place long ago. In this sense, "早" is very often followed immediately by the adverb "就" or "已(经)", e.g.

(1) 这件事情是早决定的，不是刚决定的。

(2) 我早就来了，等了你半天了。

(3) 我早就听说他不会喝酒，也不会吸烟。

(4) 他开的那个玩笑，我早就忘了。

(5) 作报告的同志还没来呢，可是人们早已坐在礼堂里等着了。

11. 现代化

名词、形容词后加上"化"构成动词，表示转变成某种性质或状态。例如：

"化", equivalent to "-ize", is suffixed to some nouns or adjectives to form verbs, meaning that something has obtained the character or state shown by the noun or adjective, e.g.

(1) 1958年以后，中国的农村已经人民公社化了。

(2) 汉字必须简化。

(3) 我们要绿化 (lǜhuà, to afforest) 全国。

(4) 中国人民要把自己的祖国建设成一个社会主义的现代化强国。

带"化"的动词，除少数几个如"绿化（全国）"、"简化（汉字）"、"美化（校园）"等以外，一般都不能带宾语。个别动词也可以加"化"，如"劳动化"、"革命化"。

Most of the verbs with "化" are intransitive except a few of them, such as "绿化（全国）", "简化（汉字）" and "美化（校园，campus)". Only a few verbs can take "化" after them, e.g. "劳动化" and "革命化".

12. 在向四个现代化的进军中

"中"是"里"、"中间"的意思，"在…中"更常指的是"…在进行的过程中"。口语里不常用。例如：

"中" is exactly the same as "里" or "中间" in meaning, and "在…中" often means "…在进行的过程中 (in the course of …) ". "在…中" is rarely met in colloquial speech, e.g.

(1) 他说他要在建设祖国的事业中贡献出自己的一切。

(2) 我在实践中学到了很多东西。

(3) 要是你在工作中遇到了困难，同志们一定会帮助你的。

四、近义词例解

1. 究竟 到底

A. 副词"究竟"和"到底"都可用于问句，表示进一步追究，有加强语气的作用。它们多用在动词、形容词前，也可以用在主语前。例如：

Both "究竟" and "到底" are intensive adverbs and apply to questions to ask for a definite final answer. They can be put either before the verb or adjective they qualify or before the subject, e.g.

(1) 他们的想法 究竟 到底 符合不符合实际情况？

(2) 到底 究竟 这里有没有石油？这是需要地质工作者很快作出回答的问题。

如果是针对主语提问，一定要放在主语前。例如：

"究竟" and "到底" must be put before the subject about which the question is asked, e.g.

(3) 到底 究竟 哪儿的风景最美？

(4) 究竟 到底 谁是那间草屋的主人？

"究竟" 和 "到底" 都不能用于带 "吗" 的疑问句。

Neither "究竟" nor "到底" can be used in questions with "吗".

B．"究竟" 和 "到底" 都有毕竟的意思。多用于含有评价意义的陈述句。例如：

"究竟" and "到底" also mean "after all" and mostly apply to declarative sentences, giving a ring of appraisal or admiration or comment, e.g.

(1) 他 究竟 到底 是一位有经验的技术员，这些问题解决得又快又好。

198

(2) 他们究竟比较年轻，干了这么半天也不
到底
    觉得累。

C．"到底"还有终于的意思，"究竟"没有。例如：

"到底" also means "in the end" or "finally" but "究竟"
does not have this meaning, e.g.

(1) 手术到底成功了。

(2) 经过反复讨论和刻苦研究，这两个年轻
    人到底把那篇科学论文写出来了。

D．"究竟"还是名词，表示结果、原委。这样用时，前面
常有量词"个"。"到底"不能这样用。例如：

"究竟" is also a noun, indicating the end, result or all
the details of something or some event. In this sense, "究竟"
usually takes the measure word "个" before it. "到底"
can never be used this way, e.g.

我们提出的要求，他同意了没有？我们很想
知道个究竟。

2．认为 以为

"认为"和"以为"的宾语常是主谓结构、动词结构、形容
词结构等。

The object of "认为" or "以为" is usually a subject-pre-
dicate construction, a verbal construction or an adjective con-
strution, etc.

"以为"有两个意思：

"以为" carries the following two meanings:

A．表示对某种情况的主观推断，而这种推断常常事后发现是与事实不符的。例如：

Indicating that one forms an estimate or judgement of a thing or situation which was proved to be incorrect or wrong later, e.g.

(1) 我以为他不来了，哪儿知道，刚躺下，他就来敲门了。

(2) 我以为雨还没有停，原来已经停了。

B．表示对人或事物确定某种看法或作出某种判断。例如：

Indicating that one takes a certain view of or has a certain opinion or estimate of a person or thing, e.g.

(1) 如果一个人总以为别人都不如自己，从来不向别人学习，那么，他还怎么能进步呢？

(2) 我以为要学好一种语言，一定要好好下功夫。

"认为" 只有 "以为" 的第二个意思，上面两个例句中的 "以为" 都可以换成 "认为"。另外，"认为" 的宾语里往往有 "应该"、"必须"、"可以"、"一定"、"能"、"会" 等。例如：

"认为" possesses the second meaning of "以为" only. So "以为" in the two examples above can be replaced by "认为". Besides, in the object of "认为" there is often a "应该", "必须", "可以", "一定", "能" or "会" to go whit it, e.g.

200

(1) 我认为我们的理想一定能实现。

(2) 我认为这个座谈会很重要，应该作记录。

"认为"可以用于"被"字句，构成"被…认为…"、"被认为"，"以为"前面不能用"被"。例如：

"认为" can be used in a "被" sentence, thus forming the construction such as "被…认为…" or "被认为". "以为", however, can never be preceded by "被", e.g.

(3) 汉语节目表演会被大家认为是一个最好的互相学习的机会。

(4) 体操表演被认为是这次运动会最受欢迎的比赛项目。

五、练 习

1. 熟读词组，并用下面带"·"的造句：

(1) 为…作出贡献　　　　有…贡献
　　贡献出自己的一切　　把…贡献给…
　　贡献很大

(2) 跟…有关系　　　　　跟…没有关系
　　有关系　　　　　　　没关系
　　关系不大　　　　　　关系很大
　　因为…的关系　　　　由于…的关系
　　关系到…　　　　　　关系着…
　　朋友关系　　　　　　工作关系

父女关系   母子关系
…和…的关系

(3) 产生石油   产生问题
产生困难   产生别的作用
从…里产生

(4) 有证明   没有证明
作证明   给…作证明

证明一件事   得到证明

(5) 毕业以来   到北方以来
二十多年来   最近几天来

三个星期以来   从参加工作以来

(6) 跟…有联系   取得联系
联系工作   联系一些事情
联系实际   联系群众

(7) 在工作中   在学习中
在讨论中   在建设中
在实践中   在斗争中
在谈话中   在向…进军中

2. 完成句子：

(1) 他是一位伟大的民族英雄，也是一位伟大的诗人，_____。（贡献）

(2) 他是学经济学的，而且非常热爱他的专业，_____。（贡献）

(3) 石油产量的提高 _____。（关系到…）

(4) 我们复习的好坏 _____。（关系到…）

(5) 这个问题十分重要，_____。（关系着…）

(6) 这篇论文是讲某些汉字的简化规律的，_____。（跟…没有关系）

(7) 这是关于地质学的新的理论，_____。（支持）

(8) 我们认为他的意见非常正确，_____。（支持）

(9) 这项社会活动对群众是很有好处的，_____。（支持）

(10) 他是我们这儿的领导干部，工作非常认真，_____。（亲自）

(11) _____，所以对这项工作进行的情况了解得非常清楚。（亲自）

(12) 要想了解祖国的石油资源是不是非常丰富，_____。（首先）

(13) _____，接着又提出了怎样解决这些实际问题的办法。（首先）

(14) 这是个科学的预见，我相信 _____。（证明）

(15)经过多年的刻苦研究和普查工作，
＿＿＿＿＿＿＿＿＿。（证明）

(16)他说他是从大庆来的石油工人，可是没
有带介绍信，＿＿＿＿＿＿＿＿。（证明）

(17)四十年代开始的时候，他就去英国留学
了，＿＿＿＿＿＿＿＿。（…来）

(18)＿＿＿＿＿＿＿＿，石油产量一年比一年提
高。（…以来）

(19)我们学校的同学明天要去那个人民公社
参加劳动，＿＿＿＿＿＿＿＿。（联系）

(20)毕业以后，他虽然离开了我们住的城市，
＿＿＿＿＿＿＿＿。（联系）

(21)在谈话中，我了解到＿＿＿＿＿＿＿＿。（早
就）

(22)＿＿＿＿＿＿＿＿，今天才得到证明。（早
就）

(23)你别为他着急，他是一个性急的人，我
相信＿＿＿＿＿＿＿＿。（早就）

(24)我们的学习将进入一个新的阶段了，希
望＿＿＿＿＿＿＿＿。（取得）

3. 选词填空：

功绩　成绩

(1) 李四光的_____很大，他为自己的祖国找到了石油，对石油工业的发展作出了很重要的贡献。

(2) 他这次数学考试的_____很好，是全班第一。

(3) 她在今年春季运动会上取得了很好的_____。

曾经　已经

(4) 一九五八年以前，他_____在北京大学教过经济学。

(5) 这些丘陵在几十万年以前就_____形成了。

(6) 那个地方的风景非常美，我_____去过一次。

(7) 那个地方的风景非常美，我_____去了一次了，最近还想去一次。

到底　究竟

(8) 丢斧子的人想：_____是谁偷了我的斧子？

(9) 那个科学研究项目_____搞成功了。

(10) 对自然界的这些奇怪的现象，我很想知
道个_____。

地区　地方

(11) 收音机里广播河北_____的小麦产量比
去年增加了百分之二十。

(12) 她们到小树林里找了一个安静的_____
去念书。

(13) 今年冬天华北_____下了几场大雪，这
对过冬小麦很有好处。

(14) 这瓶花摆在什么_____好呢？

普查　检查

(15) 半个月以来，我一直发烧，同志们都让
我去医院好好地_____一下。

(16) 那些地质学家都去参加石油_____工作了。

(17) 第三医院的大夫将到我们工厂来给全厂
工人作一次健康_____。

(18) 这台机器究竟哪儿坏了，我们还不清楚，
得立刻_____一下。

认为　以为

(19) 从前有些人_____中国是个"贫油"
国，后来事实证明中国不是"贫油"国，
中国的石油资源非常丰富。

(20)我_____李四光的最大功绩是为中国找到了石油。

(21)那个性急的人_____把田里的苗往上拔一拔，就可以让它长得高一些，哪儿知道拔过的苗很快都死了。

(22)经验交流会被大家_____是最好的互相学习的机会。

4. 阅读短文：

一九五〇年五月六日，李四光从国外回到了北京。新的生活开始了。

他和他爱人住在北京饭店四楼。推开西边的窗户，可以看到天安门，看到远远的燕山（Yān Shān, *name of a mountain*）多么美丽啊，可爱的北京！很多老朋友听说他回来了，都跑来看他。

第二天下午四点，他一点儿也没想到，他简直认为这不可能——周总理亲自来看他们了。他紧紧地握住周总理的手，感到全身都是温暖（wēnnuǎn, warm）的。可是他还不相信这是真的。周总理笑着对他说：“你到底回来了，这里却有人说你不会回来，我说你是一定会回来的。……好啊，你不是回来了吗？”

总理问起了李四光的健康情况，并且要他去

住院好好检查一次，希望他把病完全治好。总理的关心使李四光和他的爱人非常感动。

总理还谈到了一九四五年在重庆的两次会见（huìjiàn, to meet with）。他们还谈到了很多外国的科学家和学者，谈到了地质力学，谈到了中国科学技术发展的前途。总理还把哲学(zhéxué, philosophy)理论用到地质方面来分析一些问题。他们谈得非常高兴，有时还哈哈大笑起来。

李四光和他的爱人送走了周总理以后，他们回到房间里，还是不能平静下来（píngjìng xiàlái, to calm down）。李四光对他的爱人说："真没想到总理会这么快来看我们，更没有想到总理懂得地质，而且知道得那么多。他分析得多么好啊！怎么他会懂地质的呢？又怎么会懂这么多呢？"

一九五二年新中国的地质部成立（chénglì, to establish）了。一九五四年地质部在李四光部长的领导下，决定在全国进行石油普查工作。一九五五年对东北平原和华北平原的石油普查工作开始了。李四光亲自参加了这项工作。经过地质工作者们几年的努力，首先发现了大庆油田，接着又发现了大港油田和胜利油田。李四光的科学预见得到了事实的证明：中国不是"贫油"国家，中国的石油资源非常丰富。

一九六四年，第三次全国人民代表大会在人民大会堂开会的时候，有一天，服务员走到李四光面前说:"李四光同志，请您到北京厅 (Běijīng Tīng, Beijing Room in the Great Hall of the People) 去一下。"

李四光来到北京厅。他推开门，看见毛主席在那里，象是正在等谁。见到毛主席，他多么高兴啊！可是李四光以为是服务员同志弄错了，他马上说:"对不起，主席，我走错了。"他刚要走，毛主席却笑着走过来紧紧握着李四光的手说:"你没有走错，是我请你来的。"毛主席请李四光坐下，对他说:"李四光同志，你找石油找得不错。"接着毛主席又和他讨论了继续找石油的问题。

李四光回国后，越来越感到自己几十年创立的地质力学，只有在新中国，才能为祖国作出贡献。

第七十一课

一、课 文

立 论

鲁 迅

我梦见自己正在小学校的讲堂上预备作文，向老师请教立论的方法。

"难！"老师从眼镜圈外斜射出眼光来，看着我，说。"我告诉你一件事：——

"一家人家生了一个男孩，合家高兴透顶了。满月的时候，抱出来给客人看，——大概自然是想得一点好兆头。

"一个说：'这孩子将来要发财的。'他于是得到一番感谢。

"一个说：'这孩子将来要做官的。'他于是收回几句恭维。

"一个说：'这孩子将来是要死的。'他于是得到一顿大家合力的痛打。

"说要死的必然，说富贵的许谎。但说谎的得好报，说必然的遭打。你……"

"我愿意既不谎人，也不遭打。那么，老师，我得怎么说呢？"

"那么，你得说：'啊呀！这孩子啊！您瞧！多么……。阿唷！哈哈！Hehe! he, hehehehe!'"

（一九二五年七月八日。）

二、生　词

1.	立论		lì lùn	to set forth one's reviews, to express an opinion
2.	梦	（动、名）	mèng	to dream, to make a dream, dream
3.	讲堂	（名）	jiǎngtáng	classroom
4.	预备	（动）	yùbèi	to prepare
5.	作文		zuò wén	to write a composition, composition, essay, writing
6.	请教	（动）	qǐngjiào	to consult, to ask for advice
7.	眼镜	（名）	yǎnjìng	glasses, spectacles
8.	斜射	（动）	xiéshè	to look sideways
9.	眼光	（名）	yǎnguāng	eye
10.	家	（量）	jiā	*a measure word*
11.	合家		hé jiā	the whole family
12.	透顶	（形）	tòudǐng	thorough, extreme

13. 满月		mǎn yuè	(of a baby) one month old
14. 自然	(形、名)	zìrán	natural, nature
15. 兆头	（名）	zhàotou	sign, omen
16. 将来	（名）	jiānglái	future
17. 发财		fā cái	to make a fortune
18. 番	（量）	fān	*a measure word*
19. 恭维	（动）	gōngwéi	to flatter, to compliment
20. 顿	（量）	dùn	*a measure word*
21. 合力	（动）	hélì	to join forces
22. 痛	（副）	tòng	severely, bitterly
23. 必然	（形）	bìrán	inevitable, to be bound to
24. 富贵	（形）	fùguì	rich and honourable, wealth and rank, riches and honour
25. 许	（动）	xǔ	to promise, to tell (a lie)
26. 谎	（名）	huǎng	lie, to lie
27. 好报		hǎo bào	to be amply rewarded, to have a good luck
28. 遭	（动）	zāo	to meet with, to suffer
29. 既…也…		jì … yě …	both … and …
30. 瞧	（动）	qiáo	to look

212

31. 阿唷　（叹）āyō　　　　　*an interjection*

专　名

鲁迅　　　Lǔ Xùn　　　Lu Xun

三、词　语　例　解

1. 梦

"梦"是动词，也是名词。动词"梦"在句中总要带着结果补语"见"、"到"等。名词"梦"作宾语时，动词要用"作"。例如：

"梦" is a verb, and a noun as well.　As a verb, it usually takes after it "见" or "到" as its complement of result.　As a noun, it is very often used in the collocation "作梦" in which "作" is a verb and "梦" is the object, e.g.

(1) 他梦见他和几个朋友背着猎枪到树林里去打鸟了。

(2) 昨天夜里我梦到了十几年没见的老朋友。

(3) 我今天很高兴，夜里一定会作一个好梦的。

2. …正在小学校的讲堂上预备作文

"上"用在名词后面可以指范围。有时相当于"里"。例如：

When added to a noun, "上" means "within a certain range, scope or limit".　Sometimes it's about the same as "里", e.g.

(1) 老师在讲堂上讲的内容比书上的多。

(2) 今天报上有不少好消息。

(3) 世界上有很多有名的数学家，我要好好地向他们学习。

(4) 他在会上表示支持大家的行动。

有时还可以指方面。例如：

"上" also means "in a certain respect" sometimes, e.g.

(5) 这两位大诗人都是中国文学史上有名的人物。

(6) 他在音乐上下了很大功夫。

(7) 你们到了那里，不论在学习上还是生活上，都会遇到一定的困难。

(8) 领导上正在考虑我们提出的要求。

3. 请教

"请教"是请求别人指教的意思。后面往往带双宾语，或者在动词前用"向"指明请教的对象。例如：

"请教" means "to ask for advice from someone" or "to consult someone on something". "请教" usually takes after it two objects, that is, the indirect object and the direct object, or only the direct object, with "向" put before "请教" to introduce the person consulted, e.g.

(1) 我想请教您一件事。

(2) 我想向您请教一下，中国唐代有哪些最有名的诗人。

4. 自然

形容词"自然"有两个意思：一个是自由发展，不经人力干预。例如：

As an adjective, "自然" carries two meanings: one is "natural"——coming in the ordinary course of events, e.g.

(1) 我的病不用吃药,休息一、两天自然会好。

(2) 先别问，你跟我走吧，到了那儿自然会明白的。

一个是表示理所当然。例如：

The other is "of course" or "naturally", e.g.

(3) 只要刻苦学习，自然会取得好成绩。

(4) 只要有说明，有工具，自然可以修理。

"自然"还有不勉强，不呆板的意思，这时"自然"要读轻声。例如：

"自然" also means "natural" or "without artificiality". In this sense, "然" in "自然" should be pronounced in the neutral tone, e.g.

(5) 她表演得很自然，一点儿也不紧张。

名词"自然"是"自然界"的意思。例如：

As a noun, "自然" means "自然界", e.g.

(6) 我爱大自然。

(7) 刮风、下雨、下雪……都是自然现象。

5. 这孩子将来要发财的

在陈述句句尾加上语气助词"的"，可以使句子带有一种肯定的语气，表示事情一定会如此，或事情本来就如此。句中常有"会"、"要"、"能"等能愿动词或带可能补语。例如：

When added at the end of a declarative sentence, the modal particle "的" expresses a tone of certainty, indicating that

something must or is bound to turn out as is stated or
expected. There is often the optative verb "会", "要" or "能"
or a potential complement in the sentence to go with it, e.g.

(1) 医生对病人说："别着急，你的病很快
    就能好的。"

(2) 你提出的修改意见很正确，我相信他们
    一定会同意的。

(3) 南方的桔子树如果移到北方去，一定长
    不好的。

(4) 写生画儿我画过的，只是画得不好。

6. 番

量词"番"和"遍"、"次"相近，但一般只与数词"一"
结合。用于需要时间较多、费力较大或过程较完整的行为。
例如：

The measure word "番" is similar to the measure word
"遍" or "次" in meaning and can only be combined with
the numeral "一". "番" applies more to actions which
take much time or a lot of effort or have a complete course of
development, e.g.

(1) 他们去调查研究了一番，才把问题弄清
    楚。

(2) 诗人认真推敲了一番，最后才决定用哪
    个词。

"番"有时也用在名词前。例如：

"番" can also be used before a noun sometimes, e.g.

(3) 他在研究中国文学史方面下过一番功夫。

(4) 他说："为了实现社会主义的四个现代化，我们青年人应该干出一番事业来。"

(5) 听了他讲的这番道理，我们都很受感动。

7. 顿

量词"顿"有"次"的意思，用于吃饭、打、骂、斥责、劝说等动作。例如：

The measure word "顿" has the same meaning as the measure word "次". It usually applies to actions represented by verbs such as "吃饭", "打", "骂", "斥责" and "劝说", e.g.

(1) 我们每天吃三顿饭：早饭、午饭、晚饭。

(2) 那个小偷被人抓住打了一顿。

8. 必然

"必然"可以作定语、状语，也可用于"是…的"格式。例如：

"必然" can function as either an attributive or adverbial adjunct. It can also be inserted in the construction "是…的", e.g.

(1) 不进行调查研究，不按照实际情况办事，必然要犯错误。

(2) 这两件事没有必然的联系。

(3) 象他这样刻苦、努力，成绩好是必然的。

9. 我愿意既不谎人，也不遭打

"既…也…"表示同时具有两个方面的性质或情况，连接两个动词结构或形容词结构，后一部分表示进一步补充说明。例如：

The construction "既…也…" means "both . . .and . . ." or "as well as" and is used to join two parallel verbal or adjective constructions, indicating that two states of affairs or two qualities exist simultaneously, e.g.

(1) 学习一种外语，既要练习听、说，也要练习读、写。

(2) 在学习上，他既注意理论，也很注意实践。

有时，"既"和"又"搭配成"既…又…"，语气比"既…也…"要强，有加强某种感情色彩的作用。例如：

Sometimes "既" goes together with "又" to form the construction "既…又…" which is more intensive than "既…也…"，implying a certain emotional colouring, e.g.

(3) 她既是我的朋友，又是我的老师。

(4) 他表达得既准确又生动。

(5) 这位新同学既不懂中文，又不懂英文，我们在一起没办法谈话。

10． 得

能愿动词"得"有两个意思：

The optative verb "得" has the following two meanings:

A． 表示必要，有"应该"、"必须"、"需要"的意思，否定式是"不用"、"用不了"、"要不了"等。"得"除用在动词、形容词之前，还可用在数量词、主谓结构之前。例如：

To indicate necessity, meaning "应该", "必须" or "需要". In this sense, its negative form is "不用", "用不了" or "要不了". "得" can be used before a numeral-measure word, a subject-predicate construction as well as a verb or an adjective, e.g.

(1) 咱们得快点儿走了，要是走得太慢，恐怕今晚就赶不到住宿的地方了。

(2) 老大娘说："我真得好好谢谢你，你帮我干了那么多活。"他说："不用谢，这是我应该作的。"

(3) 管理工具的工作得两个人。

(4) 修好这只渔船得两天吧？
    ——用不了，一天就够了。

(5) 关于参观大庆油田的事，得你亲自去联系。

B 表示必然，有"一定会"的意思，否定式是"不会"。例如：

To indicate inevitability, meaning "一定会". In this sense, its negative form is "不会", e.g.

(1) 外边雨还没停，你要是现在走，就得把衣服淋湿。
    ——不会的，路很近，我一跑就到。

(2) 狼对东郭先生说："我现在饿极了，要

是没有东西吃，就得饿死。让我把你吃
了吧!"

四、练 习

1. 用下面的词组造句:

    (1) 社会上   (2) 经济上

    (3) 理论上   (4) 杂志上

    (5) 技术上   (6) 工作上

    (7) 历史上   (8) 地质学研究上

    (9) 国际上

2. 选词填空:

    自然   必然

    (1) 我很喜欢这个演员，她演得非常＿＿＿＿，
跟真的一样。

    (2) 这儿的风景是＿＿＿＿美,画下来一定不错。

    (3) 只凭自己的主观想法判断一件事，＿＿＿＿
会犯错误，这一点儿也不奇怪。

    (4) 你先别着急，到时候我＿＿＿＿会告诉你。

    (5) 你说的这种现象跟我说的没有什么＿＿＿＿
联系。

    (6) 要照相了，大家站好，＿＿＿＿一些，笑
一笑，好!

(7) 我猜得不错，情况_____会是这样。

(8) 你不用担心，这点儿伤不用治，十天以后_____会好的。

番　遍　次　顿

(9) 青年人谁不想将来作出一_____事业来呢？

(10) 我把我写的那篇文章，又从头看了一_____。

(11) 今天就谈到这儿吧，有问题下_____来了再向您请教。

(12) 我们只在他那儿吃了一____饭，住了一夜，第二天就走了。

(13) 我们又安慰了她一_____，最后大家才离开。

(14) 孩子作错了，应该好好教育，打他一____，又有什么用呢？

(15) 要想成功，就得不怕困难。一____，两____，三____，不停地试下去，将来总会有结果的。

(16) 刚才的话我没听清楚，请你再说一____好吗？

3. 用下面的词组和加在句尾的语气助词"的"造句：

例：能　　作好

　　只要大家努力，这件工作一定能作好的。

(1) 会　　　完成

(2) 能　　　成功

(3) 要　　　解决

(4) 不会　　忘记

(5) 一定　　生气

4. 用"既…也（又）…"完成句子：

(1) 这张画儿上画的＿＿＿＿＿＿，简直看不出是什么。

(2) 一个好演员＿＿＿＿＿＿，因此得刻苦练习。

(3) 解决这个问题，他＿＿＿＿＿＿，怎么能不犯错误呢？

(4) 贾岛在大街上遇到韩愈，＿＿＿＿＿＿。

(5) 这样一改，句子＿＿＿＿＿＿，比以前好多了。

5. 把下面句子里的"得"（děi）改成别的词，使句子意思不变：

(1) 关于这个问题，我得向你请教。

(2) 要想上课时回答得好，上课前得认真进行准备。

(3) 这个办法不好，将来无论如何得改一改。

(4) 在那样的社会，不说谎就得遭打，好人反而不得好报。

(5) 想去那儿学习的人，得先进行一次考试。

(6) 这件事我一个人决定不了，我们几个还得研究研究。

(7) 如果他知道了这个情况，得不高兴。

(8) 天气不好，看样子得下雨。

6. 用自己的话说一说本课课文的内容。

7. 读下列对话：

A: 你们正在学习什么课文？

B: 我们正在学《立论》。

A: 这篇文章是谁写的？

B: 是中国有名的作家鲁迅写的。

A: 鲁迅的文章不太好懂吧？

B: 是啊，鲁迅生活在旧中国，当时的社会环境非常坏，因此有时候鲁迅只能用一些特别的表达方法。读鲁迅的文章，很多地方必须认真地想一想，推敲推敲，才能明白作者的意思。

A: 你刚才说鲁迅是"作家"，又说是"作者"，这两个词有什么不同吗？

B: 作家说的是，写过一些书，在社会上比较有名，在文学上有一定贡献的人。作者说的是,写某一篇文章或者某一本书的人,也就是说,某一篇文章或者某一本书是由谁写的。

A: 有时候遇到一些词,汉字都认识,可是意思并不一定都清楚。

B: 是有这种情况。汉语里的字,有时候同时也是词。有的不是词,跟别的字一起才能组成一个词。

A: 汉语里词的组成,有没有一定的规律呢?

B: 有的。汉语里多数词是由两个字组成的,但是词的意思往往跟组成某个词的字有一定关系。例如 (lìrú, for example) 课堂这个词,课是上课的课,堂是进行某种活动的屋子,课堂说的是教室和在教室里进行的教学活动。

A: 课堂和教室有什么不一样呢?

B: 教室只说的是上课的屋子。因此可以说"课堂讨论",而不能说"教室讨论"。

A: 看起来为了掌握汉语的词, 还需要多用一些功夫。

B: 是这样。

第七十二课

一、课 文

赶　路

一九六三年八月里的一天。

上午十点多钟，我赶着马车在路上跑。车上装的是急用物资，要当天赶回盖林。

忽然，后面传来急促的喊声："喂，解放军同志，请等一等啊！"我回头一看，后面追上来一个女同志。我心里想：什么重要的事情呢？是不是要搭车？我赶紧跳下车，迎上去问："同志，要坐车吗？"

这个女同志跑得满脸是汗，半天说不出话来。她听到我的话，笑着摇摇头，仔细看了看车上的东西，问我："同志，你是朝盖林那个方向去的吧？"

"是。"我回答说。

"雨布带了没有？"

"雨布？这儿呢。"我朝车上一指。

她看看那块雨布，皱着眉头说："太小了，

东西多，盖不住啊！"接着她又说："我是公社的气象员，刚才十点钟的天气预报说，今天中午可能有大雨，刮七、八级东南风。去盖林的路上村子很少，遇上雨，你怎么办呢？"

我早上临走时天气很好，连一片云也没有，所以没作下大雨的准备。要是真的遇上大雨，大车上的物资一定会淋湿了，我心里很着急。

女气象员看到这种情况，就热情地说："你在我们这儿休息一下，喂喂马，雨过了再走吧！"说着就去牵马。

我拦住她说："谢谢你，我有要紧的事，不能停。车上装的是急用物资，中午以前，我要赶到前边的村子避雨。"

她听我这样讲，想了想说："这儿离前边的村子有三十里路，中午能赶到吗？"

"能。"

"那么，你快赶路吧，路上要小心。"

我谢过她，跳上车，赶着马跑起来。

跑了二十七、八里的时候，听到了雷声，随着一阵凉风，乌云很快冲了上来。看样子暴风雨就要来了。

这时，忽然从路旁跑出一个二十岁左右的青年，他对我说："解放军同志，快到村里避避雨！"说着，就牵着马往村子跑去。

马车沿着一条小路大约跑了三、四里，就到了一个小村子。刚一进村，几个人就走过来帮我把马卸下来，把车推到一个扫得干干净净的棚子里。这时候，大雨开始下了起来，车上的物资差一点儿被淋湿了。

我拿了草料要去喂马。那个青年拉住我说："同志，别拿了，一切我们都准备好了。"他让我到生产队的办公室休息，他自己又忙着干别的事情去了。

我想，帮助我避雨的事情怎么安排得这样好呢？难道他们事先知道我要来避雨吗？这时，我看见桌子上的电话机旁边有个电话记录本。翻开的那一页上写着："今天中午有大雨，一辆解放军的马车要经过你们村子，请帮助做好避雨工作。"最后写的是："红旗公社气象站　八月五日"

啊！我明白了，原来是这么回事！

"铃——"电话铃响了，我拿起耳机一听，正好是公社女气象员的声音。她问："解放军同志到你们村了吗？你们安排得怎么样？"我十分感激地回答："我就是那个解放军，他们安排得非常周到。谢谢你的关心。"

"别客气了，再见！"说完就挂上了电话。

雨过天晴，我又赶着车上了路。雨后的天气有点儿凉，但是，我的心里却是热乎乎的。我想，只要我们和人民群众紧密地团结在一起，还怕什么暴风雨呢！

二、生　词

1. 赶路	gǎn lù	to hurry (push) on with one's journey

2. 急用	（动）	jíyòng	to be badly in need of, to be urgently needed
3. 物资	（名）	wùzī	material, matter
4. 当天	（名）	dàngtiān	that very day, at the same day
5. 后面	（名）	hòumian	back, behind
6. 传	（动）	chuán	to spread, to go round
7. 急促	（形）	jícù	hurried, rapid
8. 搭	（动）	dā	to get a lift (in a car, cart, etc.)
9. 赶紧	（副）	gǎnjǐn	hurriedly, in a hurry
10. 迎	（动）	yíng	to go to meet, to greet
11. 仔细	（形）	zǐxì	careful, attentive
12. 雨布	（名）	yǔbù	waterproof cloth, waterproof canvas
13. 皱	（动）	zhòu	to frown, to knit (one's brows)
14. 眉头	（名）	méitóu	brow
15. 盖	（动）	gài	to cover
16. 气象	（名）	qìxiàng	meteorology
17. 员	（尾）	yuán	*a nominal suffix*
18. 预报	（动）	yùbào	to forecast
19. 级	（量）	jí	*a measure word,* force

20.	临	（动）	lín	to be about to, on the point of
21.	云	（名）	yún	cloud
22.	大车	（名）	dàchē	cart
23.	喂	（动）	wèi	to feed, to raise, to keep
24.	拦	（动）	lán	to block, to hold back, to stop
25.	要紧	（形）	yàojǐn	important, urgent
26.	避	（动）	bì	to seek shelter (from a rain)
27.	里	（量）	lǐ	*a measure word, a Chinese unit of length (= 1/2 kilometre)*
28.	雷	（名）	léi	thunder
29.	随（着）	（动）	suí (zhe)	to accompany, to go with, to follow
30.	阵	（量）	zhèn	*a measure word*
31.	凉	（形）	liáng	cool
32.	乌云	（名）	wūyún	black (dark) clouds
33.	暴风雨	（名）	bàofēngyǔ	rainstorm, storm
34.	…左右		…zuǒyòu	around, about
35.	大约	（副）	dàyuē	approximately, about
36.	卸	（动）	xiè	to unload, to discharge

37. 棚子	（名）	péngzi	shed, shack
38. 差一点儿	（副）	chàyìdiǎnr	almost, nearly
39. 草料	（名）	cǎoliào	forage, fodder
40. 安排	（动）	ānpái	to arrange
41. 难道	（副）	nándào	is it possible ...? is it conceivable ...?
42. 事先	（名）	shìxiān	in advance, beforehand
43. 翻	（动）	fān	to look through, to turn over
44. 回	（量）	huí	*a measure word*
45. 铃	（象声）	līng	*onomatopoeia*
46. 铃	（名）	líng	bell
47. 响	（动）	xiǎng	to ring
48. 正好	（形、副）	zhènghǎo	fit, suitable, just, just all right
49. 感激	（动）	gǎnjī	to be grateful, to be obliged, to gratitude
50. 周到	（形）	zhōudào	thoughtful, attentive and satisfactory
51. 热乎乎	（形）	rèhūhū	warm
52. 紧密	（形）	jǐnmì	close, intimate

| 1. 盖林 | Gàilín | *name of a place* |
| 2. 红旗公社 | Hóngqí Gōngshè | *name of a people's commune* |

三、　词语例解

1.　后面追上来一个女同志

复合趋向补语"上来"、"上去"还可以表示由远到近。"上"表示向要接近的人、物趋近，"来"、"去"表示动作向着或背着说话人（或某中心处所）的方向。例如：

The compound directional complements "上来" and "上去" can also indicate the direction of an action getting nearer to someone or something. "上" in "上来" and "上去" indicates that the action is getting closer towards the person or thing approached while "来" and "去" indicate that the action goes respectively towards or away from the speaker (or the object concerned), e.g.

(1) 代表团从汽车上走下来了，大家都热烈鼓掌欢迎，工厂的领导人立刻走上去和他们握手。

(2) 比赛足球的时候，我被人撞倒了，对方的一个运动员，立刻跑上来把我扶了起来。

(3) 狼对东郭先生说："打猎的追上来了，您快救救我吧！"

2. 这儿呢

用方位词或处所词作答句时，后边加上"呢"，表示此时正在某处的意思。例如：

When preceded by a position or location word as an answer, "呢" indicates that someone or something is staying or existing at some place, e.g.

(1) 你的眼镜呢？

——桌子上呢。

(1) 客人在哪儿？

——门口呢。

3. 盖不住啊

"住"作结果补语时，可以表示：

As a complement of result, "住" indicates:

A. 使牢固、稳当或不再继续活动。例如：

Something has been fixed or held at some place as a result of an action, e.g.

(1) 她紧紧地握住我的手，半天没有放开。

(2) 主人留了半天，也没把客人留住。

(3) 打猎的捉住了一只狼。

(4) 汽车渐渐地开得慢了，终于停住了。

B. 遮盖，不使露出。例如：

Something is covered, hidden or concealed, e.g.

那棵大树把他挡住了，我们谁也没有看见他。

"住"前加上"得"或"不"构成可能补语时，"住"仍可表示上述的两种意思。例如：

When "住" takes before it "得" or "不" to form a potential complement, "住" still has the above-mentioned meanings, e.g.

(1) 乌云总是遮不住太阳的。

(2) 一天学五十个生词，我简直记不住！

4. 临

"临"放在动词或动宾结构前，表示动作即将发生的那段时间，动词或动宾结构之后常有"时候"、"时"、"以前"、"前"等名词。"临…"在句中多作状语。例如：

"临" is more often than not put before a verb or a verb-object construction to indicate the period of time just before the action represented by the verb or verb-object construction takes place. Moreover, the verb or verb-object construction is usually followed immediately by the noun "时候", "时", "以前" ro "前". The construction "临…" often serves as an adverbial adjunct, e.g.

(1) 你临睡前一定要把窗户关好。

(2) 他临走时送给我一张中国画儿作纪念。

(3) 临出发前请大家再把自己的东西仔细检查一遍。

5. 随

"随"后常有"着"，很少单独作谓语，常带上宾语在句中作状语。例如：

234

"随" very often goes with "着" and seldom acts as the predicate but, together with its object, as an adverbial adjunct, e.g.

(1) 他随代表团出国访问了。

(2) 随着生产的发展，人民的生活水平也提高了。

(3) 随着汉语水平的提高，他的翻译工作完成得也越来越好。

(4) 随着天气的变化，他的病又有了发展。

6. 看样子

"看样子" 意思是根据目前的情况来推断、估计。例如：

"看样子" means "judging from the present situation", e.g.

(1) 雨停了，云也快被风刮跑了，看样子，天要晴了。

(2) 小麦长得这么好，看样子, 今年一定会大丰收。

(3) 听报告的时候, 留学生们都在专心地作记录，看样子, 他们大约能听懂百分之八十以上。

有时，"样子" 前还可以带定语。例如：

There may sometimes be an attributive before "样子" to qualify it, e.g.

(4) 看他那得意的样子，这场比赛，一定又赢了。

235

7. …左右

"左右"用在数目字后，表示同那个数目字相差不远的概数。例如：

"左右", when added to a figure, indicates an approximate number which may be either slightly larger or smaller than the figure itself, e.g.

(1) 那个城市的人口有五百万左右。

(2) 这个公社的粮食产量今年比去年提高了百分之十左右。

如果有量词，"左右"放在量词之后。例如：

If the figure takes after it a measure word, "左右" should be placed after the measure word, e.g.

(3) 这块布有五米左右。

(4) 这袋盐有一百斤左右。

数量词后带上"左右"作定语时，要用"的"。例如：

When a numeral-measure word plus "左右" functions as an attributive, there must be a "的" between the attributive and what it qualifies, e.g.

(5) 他买了五斤左右的桔子。

(6) 一个十岁左右的孩子，可以帮助父母做不少事了。

如果用于时间，则"左右"要放在表示时间的名词之后。例如：

When applying to time, "左右" must be placed after the noun denoting time, e.g.

(7) 这里的石油普查工作进行了半年左右。

(8) 我只用了三个星期左右的时间，就把这
两本《中国古代寓言故事》翻译完了。

用于钱时，"左右"也要放在名词"钱"之后，但"钱"可
以省略。例如：

When applying to money, "左右" must be placed after
the word "钱" which, however, can be omitted, e.g.

(9) 我口袋里只有十块（钱）左右，不够买
毛衣的。

(10)这本字典得六块钱左右。

8．难道

"难道"用来加强反问的语气，句尾常有语气助词"吗"。
"难道"可以在动词前，也可以在主语前。例如：

"难道" is used to intensify a rhetorical question and
there is often the modal particle "吗" at the end. "难道"
can be placed either before the verb or before the subject, e.g.

(1) 他们做得到的事，难道我们就做不到？

(2) 我们死都不怕，难道还怕困难吗？

(3) 你难道不愿意咱们成功吗？

9．原来

名词"原来"有"本来"、"从前"的意思，可以作定语，
也可以作状语。例如：

As a noun, "原来" means "本来" or "从前" and can
function as either an attributive or adverbial adjunct, e.g.

(1) 修改以后，这篇文章比原来的更好了。

(2) 这里原来没有房子，这间草屋是后来盖的。

副词"原来"表示发现了以前不知道的情况。例如：

As an adverb, "原来" indicates that one has discovered what he didn't know before, e.g.

(3) 我们以为那位老人就是这里的主人，一打听，原来他也是过路的。

(4) 我们听到外面有声音，跑出去一看，原来是一群活泼可爱的小姑娘正在那里学歌儿。

10．正好

"正好"可以修饰动词、形容词、数量词。例如：

"正好" can be used to qualify a verb, an adjective or a numeral-measure word, e.g.

(1) 你需要的书，我正好有，明天我给你送来。

(2) 这个玻璃杯正好跟我的杯子一样大。

(3) 这些水果不多不少，正好十二斤。

"正好"也可用在复句中的第二分句里。例如：

"正好" may occur in the second clause of a compound sentence, e.g.

(4) 我刚要去找他，正好他来了。

(5) 我刚要去打电话，正好电话铃响了。

(6) 她高，我矮，她要是坐在我前边，正好把我挡住。

11. 热乎乎

在汉语里，有一类形容词是由一个单音节形容词加叠字构成的。如"红通通的脸"、"湿淋淋的衣服"、"心里热乎乎的"。这样就增加了语言的形象性、生动性。但哪个形容词和哪个叠字结合是固定的，不能随意结合，而且叠字不同，含意也不同。例如：

In Chinese, the combination of a monosyllabic adjective and the reduplicated form of a word can form a new adjective, e.g. "红通通的脸", "湿淋淋的衣服" and "心里热乎乎的". Adjectives like these are more vivid and picturesque. But the combination of this kind is more or less fixed and can never be made at will. Moreover, an adjective may be combined with the reduplication of different words to bear different meanings, e.g.

(1) 那个小姑娘圆圆的小脸，大大的眼睛（yǎnjing, eye），黑油油的头发，非常可爱。

(2) 广场上黑压压的站满了人。

(3) 这是一个很大的山洞，里边黑洞洞的，什么也看不见。

(4) 我刚擦完机器，黑乎乎的两只手，太脏了，得赶快去洗一洗。

要注意的是：

Points worthy to be noted:

A．这类形容词不受表示程度的副词"很"、"太"、"非常"等修饰。

Adjectives of this kind can not be qualified by adverbs showing degree such as "很"，"太" and "非常" etc.

B．作谓语时后面要加"的"。

When used as the predicate, such an adjective usually takes "的" after it.

C．叠字大都读成第一声。

Most of the reduplicated words should be pronounced in the first tone.

四、近义词例解

刚才 刚

刚才

A．"刚才"是表示时间的名词，指说话前不久的时间。可以作主语、宾语、定语、状语，作状语时放在主语前后都可以。例如：

"刚才" is a noun denoting time, meaning a short time ago. It can function as the subject, object, attributive or adverbial adjunct. As an adverbial adjunct, it can be placed either before or after the subject, e.g.

(1) 现在比刚才凉快一点儿了，刚才真热。

(2) 刚才的表演非常感动人。

(3) 刚才我在对面商店里避雨的时候，遇见一个老同学。

(4) 他刚才参加了一个宴会。

B. "刚才"可以用于肯定句，也可用于否定句。例如：

"刚才" applies to either affirmative sentences or negative sentences, e.g.

(1) 我刚才没去打猎，我去画写生画儿去了。

(2) 你为什么刚才不打电话通知他？现在已经晚了。

刚

A. "刚"是副词，表示动作或情况发生不久。作状语，只能在动词前，不能在主语前。"刚才"是以说话的时间为基点的，说明说话前不久发生了什么事情；"刚"是以动作或情况的发生为基点的，说明动作或情况发生了不久，所以"刚"可以用于很久以前的事，"刚才"则不能。例如：

"刚" is an adverb showing the immediate past. As an adverbial adjunct, it occurs only before the verb, not before the subject. "刚才" takes the time of speaking as a starting point, indicating what happened just before the time of speaking; "刚" takes the happening of an action or a state of affairs as a starting point, indicating it took place just now. Therefore, "刚" can refer to some thing or some event that took place long ago while "刚才" can't, e.g.

(1) 我刚吃完饭一会儿。

(2) 她刚把车推到棚子里，大雨就下起来了。

(3) 二十年前他刚工作的时候，什么经验也没有，现在已经是一位经验十分丰富的老工人了。

(4) 他刚参加了一个宴会回来，现在不会饿的。

要注意的是，在口语中，有的人有时把作状语的"刚才"省为"刚"。例如："她刚（刚才）还又说又笑，现在怎么生起气来了？"但这种情况我们完全可以根据上下文意判断出来是"刚"还是"刚才"。

What should be noted is that, in colloquial speech, "刚才" as an adverbial adjunct is sometimes shortened as "刚", e.g. "她刚（刚才）还又说又笑，现在怎么生起气来了？", but it can be decided from the context whether it is "刚" or "刚才".

B. "刚"一般只用于肯定句，如果要表示否定意义，只能在"刚"前加"不是"。例如：

"刚" as a rule applies to affirmative sentences only. To negate it, "不是" is added before "刚" if it expresses a negative sense, e.g.

他不是刚来，他来了半天了。

五、练 习

1. 熟读词组：

(1) 赶路　　赶火车　　赶任务　　赶作业

(2) 传消息　　传话　　传球　　向前传

242

    (3) 迎风　　迎面　　迎头　　迎上来
　　　　迎上去

    (4) 临出发　　临睡　　临解放　　临死
　　　　临上车

    (5) 安排工作　　安排生活　　安排住处
　　　　安排时间

    (6) 翻开书　　翻了个身　　翻过大山

    (7) 非常感激　　十分感激　　对他很感激
　　　　感激朋友的帮助

    (8) 照顾周到　　办事周到　　考虑周到

2. 用复合趋向补语"上来"、"上去"完成句子：

    (1) 前边那个人很象小丁，我＿＿＿＿。

    (2) 去年我们厂的产量最高，今年老张他们
　　　　厂＿＿＿＿。

    (3) 我们班的同学中文都比我学得好，我一
　　　　定要＿＿＿＿。

    (4) 客人们刚下车，我们就＿＿＿＿。

    (5) 我和小王赛跑，虽然小王跑在前面，但
　　　　是我一要＿＿＿＿，跑到他前面。

    (6) 前边那个小孩子摔倒了，我赶紧＿＿＿＿。

3. 用"住"作结果补语回答问题：

    (1) 你为什么看不见山那边的气象站？

    (2) 刚才你手里拿的杯子怎么摔了？

(3) 那个孩子正要走过去，忽然开过来一辆汽车，他应该怎么办？

(4) 贾岛遇到韩愈以后还继续往前走吗？

(5) 今天为什么没有月光？

(6) 东郭先生怎样把狼装进口袋里？

4. 用"临"完成句子：

(1) 他＿＿＿＿，告诉我们他当天就可以赶到那里。

(2) 每天＿＿＿＿以前，我都把第二天上课要用的东西准备好。

(3) 我决定到中国学习，＿＿＿＿，朋友们都到家里来看我。

(4) ＿＿＿＿，老师给我们留了一些作业。

(5) 他有个习惯，＿＿＿＿，总要看一会儿小说。

5. 用"随（着）"改写句子：

(1) 代表团去参观工厂的时候他也去了。

(2) 生产发展了，北京也有很大变化。

(3) 昨天，玛丽去公园看花儿，我也去了。

(4) 人民的生活水平提高以后，健康水平也提高了。

(5) 春天来到了，公园里的人也多起来了。

6. 用"原来"完成句子：

　　(1) _____，现在已经有一千多工人了。

　　(2) _____，现在我已经能用中文记日记了。

　　(3) 我的眼镜找到了，_____。

　　(4) 东郭先生_____，后来他才知道自己错了。

　　(5) 彼得在干什么？我们进屋一看，_____。

　　(6) 丢斧子的人找到了斧子，_____。

　　(7) 和她几年不见了，没想到她_____。

　　(8) 我以为北京车站离这儿很近，_____。

7. 用"…左右"改写句子：

　　(1) 看样子，他有十九岁或者二十一、二岁。

　　(2) 我听说这个电影可能演一小时五十分钟，或者两小时多一点儿。

　　(3) 买一块这样的玻璃要用两块多钱到三块多钱。

　　(4) 我们要在中国学习十个月或者一年多一点儿。

　　(5) 我们学校有的班有八、九个学生，有的班有十一、二个学生。

　　(6) 从这儿到历史博物馆要走二十分钟到三十分钟。

　　(7) 刚到中国大约两个星期，我就认识了很多新朋友。

(8) 今年大约已经过去三分之一的时间了。

(9) 那个城市的人口可能有二百万。

8. 用"难道"完成句子：

(1) 愚公说，我死了以后有我的儿子，儿子死了又有孙子，_____。

(2) 晏子说，桔子树长在淮南，果实又香又甜，长在淮北，果实又酸又苦，_____?

(3) 北京大学就在咱们学校旁边，_____?

(4) 女气象员对那个解放军同志说，暴风雨就要来了，_____?

(5) 狼是要吃人的，_____?

(6) 老林刚离开这儿，_____?

9. 阅读短文并复述：

特 别 快 车

晚上十点多，一列开往北京的普通客车在一个小站上刚刚停下来，就有三个人急急忙忙上了车。其中一个人抱着一个一岁左右的孩子。这三个人是孩子的父亲、母亲和一位医生。

火车开动了。医生着急地对乘务员说，今天下午，这个孩子不小心，把一个玉米粒吸进了气管，情况非常紧急。希望能帮助他们早点儿赶到北京，进行抢救。

乘务员立刻向列车长报告了这个情况。列车长听了以后，又向孩子的父母了解了孩子的病情，决定车一到站，就向领导报告，并希望和医院取得联系，做好抢救准备。

乘务员一面广播了这个消息，一面调查旅客们都在哪里下车。旅客们都来看这个孩子，很多人也提出了开快车的要求。

孩子的病情越来越重，时间就是生命。

列车到了下一站，车还没停住，列车长就跳下去，给领导打电话，要求开快车。领导同意了他们的意见，决定把这列普通客车改为"特别快车"，一直开到北京站。同时，乘务员对要在沿路下车的旅客，也都作了很好的安排。

列车改为"特别快车"的消息，马上在车上传开了。孩子的父亲感动极了，他说："为了我的孩子开快车，这在旧社会是根本不可能的……"他激动得再也说不下去了。

列车冲过一站又一站，提前三十八分钟到了北京站。早已准备好的汽车很快把孩子送到了医院。

孩子一抱进手术室，医生马上给他动手术，从气管里取出了玉米粒。孩子得救了！医生们说："如果不是列车开得快，就晚了！"

孩子有了第二次生命。他的父母非常感激，决定把他的名字改为"再生"。

生　词

1. 普通	（形）	pǔtōng	ordinary
2. 客车	（名）	kèchē	passenger train
3. 乘务员	（名）	chéngwù-yuán	conductor (on a train)
4. 玉米粒	（名）	yùmǐlì	maize grain
5. 气管	（名）	qìguǎn	windpipe
6. 紧急	（形）	jǐnjí	urgent
7. 抢救	（动）	qiǎngjiù	to rescue
8. 列车	（名）	lièchē	train
9. 旅客	（名）	lǔkè	passenger, traveller
10. 生命	（名）	shēngmìng	life
11. 提前	（动）	tíqián	ahead of time, in advance

第七十三课

一、课文

蛇　酒

　　传说几百年以前，大别山区有一个小镇，西头有一家酒店，每天都有很多人到这里来喝酒。

　　一天，喝酒的来得非常多，不大一会儿就把放在柜台里的酒卖光了。酒店主人叫伙计李波到库房去取。李波刚一到库房门口，就听见里面有声音。他觉得很奇怪，急忙拿出钥匙把门打开，刚要进屋，就"哎呀"一声，转身往回跑。他一边跑一边喊："快来人哪！快来人哪！"

　　原来，库房里有一条大蛇，两丈多长，尾巴卷在房梁上，头正伸到缸里喝酒。人们听到李波的喊叫声，马上跑了过来，见到这条大蛇，吓得谁也不敢进去。一会儿，那条大蛇喝醉了，一下子掉进酒缸里。李波跑进去赶快把缸盖上，在上面压了块大石头。以后，李波每次来库房取酒，总要听听缸里还有没有声音。

两年过去了，那酒缸里一直没有什么动静。李波想，大蛇一定死了，死蛇还有什么可怕的呢？他走过去打开缸盖儿一看，大蛇果然死了，缸里的酒变得红红的，象血一样。酒店主人知道以后，对李波说："那缸酒你抽空儿倒掉吧！"

　　镇上有个姓刘的无赖，经常到小酒店来喝酒。他走路一拐一拐的，遇到刮风下雨，腰腿就疼得下不了床。他在酒店喝酒从来不给钱。李波不给喝就要挨他打，给喝又要挨主人骂。一天，刘无赖来喝酒，李波忽然想到还没倒掉的那缸酒，于是给他拿来一碗。刘无赖看见这碗酒就问："这是什么酒？怎么没见过？"李波回答说："这是最好的酒，外边是买不到的。"刘无赖接过一闻，说："好香啊！"就把它一气喝光。他还要喝，可是话没说完，就倒在了地上。李波以为他中毒死了，吓得赶紧把他拖到自己住的小屋子里，打算等到夜里再说。

　　晚上，李波走进屋，刚点上灯，就看见刘无赖翻了个身，很快地坐了起来，嘴里连说："好酒，好酒！"接着站了起来，走出屋子。他走路很轻快，也不一拐一拐的了。过了两天，正下着雨，刘无赖突然又来了，还要那种酒喝。李波问他：

　　"下雨天你不是下不了床吗？怎么还能走到这里
来呢？"刘无赖说："喝了你那碗酒，我的病好
多了，下雨腰腿也不疼了，你再给我点儿喝。"李
波又给了他半碗酒，他喝完还要。李波不想再给
他了，就说："没有了。"李波看着刘无赖走出
去的样子，心里想：这种酒大概能治病。

　　李波他爹也有腰腿病，整天躺在床上不能
动。他家里很穷，没有钱治病。他就装了几瓶蛇
酒拿回家去，让他爹也试试。第一瓶喝完，他爹
能下床了；第二瓶喝完，腰腿一点儿也不疼了。又

251

喝了几瓶，腰也直起来了，能到地里干活了。后来，李波还把这种蛇酒送给有腰腿病的穷人喝。他们喝了，病也都好了。酒店主人知道以后，就不让李波再白给人了，而且还叫他卖很高的价钱。

从此，中药里有了一种能治病的"蛇酒"。

二、生 词

1. 传说	（动、名）	chuánshuō	it is said, legend
2. 山区	（名）	shānqū	mountain area
3. 镇	（名）	zhèn	town
4. 西头		xī tóu	west end (of a street, etc.)
5. 酒店	（名）	jiǔdiàn	wineshop, public house
6. 柜台	（名）	guìtái	counter
7. 光	（动）	guāng	to be used up, nothing left
8. 伙计	（名）	huǒji	salesman, shop assistant, waiter
9. 库房	（名）	kùfáng	storehouse, storeroom
10. 取	（动）	qǔ	to fetch
11. 钥匙	（名）	yàoshi	key
12. 声	（量）	shēng	a measure word

13. 丈	（量）	zhàng	*a measure word, a unit of length, equal to 3⅓ metres*
14. 尾巴	（名）	wěiba	tail
15. 卷	（动）	juǎn	to roll, to wind
16. 房梁	（名）	fángliáng	roof beam
17. 伸	（动）	shēn	to stretch, to extend
18. 缸	（名）	gāng	vat, jar
19. 吓	（动）	xià	to frighten, to scare, to intimidate
20. 敢	（能动）	gǎn	dare, to dare
21. 醉	（动）	zuì	to be drunk, to be tipsy
22. 一下子		yí xiàzi	all at once, all of a sudden, in one go, in one stroke
23. 动静	（名）	dòngjing	the sound of sth. astir, happenings, noise
24. 可怕	（形）	kěpà	fearful, frightful, terrible
25. 盖儿	（名）	gàir	lid, cover
26. 果然	（副）	guǒrán	as expected
27. 血	（名）	xiě	blood
28. 倒	（动）	dào	to pour, to tip

29.	姓	（动、名）	xìng	(one's) surname is . . ., surname
30.	无赖	（名）	wúlài	rascal
31.	经常	（形）	jīngcháng	constant, often
32.	拐	（动）	guǎi	to limp
33.	腰	（名）	yāo	waist
34.	挨打		ái dǎ	to suffer a beating, to be beaten, to take a beating
35.	碗	（名）	wǎn	bowl
36.	闻	（动）	wén	to smell
37.	一气	（副）	yíqì	at one go, at a stretch
38.	中毒		zhòng dú	to be poisoned
39.	拖	（动）	tuō	to pull, to drag, to haul
40.	打算	（动、名）	dǎsuàn	to plan, to intend, intention, plan
41.	再说	（动）	zàishuō	to put off until some time later
42.	点灯		diǎn dēng	to light a lamp
43.	连	（副）	lián	repeatedly, in succession
44.	轻快	（形）	qīngkuài	brisk, spry
45.	突然	（形）	tūrán	sudden
46.	爹	（名）	diē	father, dad

47. 穷	（形）	qióng	poor
48. 直	（形、动）	zhí	straight, to straighten
49. 穷人	（名）	qióngrén	the poor
50. 白	（副）	bái	for nothing, free of charge, in vain
51. 价钱	（名）	jiàqian	price
52. 从此	（连）	cóngcǐ	henceforth, thereupon, from then on, from now on
53. 中药	（名）	zhōngyào	traditional Chinese medicine

专　名

1. 大别山	Dàbié Shān	*name of a mountain*
2. 李波	Lǐ Bō	*name of a person*
3. 刘无赖	Liú Wúlài	*name of a person*

三、词语例解

1. 转身往回跑

动词"回"在"往"后表示方向，指回去的方向。例如：

The verb "回" when preceded by "往" means "return" or "to return back", e.g.

(1) 上星期日我们去长城，早晨八点钟出发的，下午三点半我们开始往回走。

(2) 我已经走了好远，可是往回一看，送我的人还都在门口站着呢。

2．吓得谁也不敢进去

"吓"是使害怕的意思。例如：

"吓" means "to frighten" or "to scare", e.g.

(1) 他忽然从门后边走出来，吓了我一跳。

(2) 看见那只狼，东郭先生吓坏了。

用"吓得…"时，全句的主语也可以放到"得"后，使句子变成无主语句。例如：

When the construction "吓得…" is used, the subject of the sentence can be placed after "得", thus making the sentence subjectless, e.g.

(3) { 见到那条大蛇，他吓得半天说不出话来。
见到那条大蛇，吓得他半天说不出话来。

(4) { 看见这种情况，我吓得出了满身大汗。
看见这种情况，吓得我出了满身大汗。

3．一下子掉进酒缸里

"一下子"作状语，有"很快"的意思，用来强调在很短时间内动作完成或情况发生变化。例如：

Used as an adverbial adjunct, "一下子" is equivalent to "很快" in meaning and is used to stress that an action is done or a state of affairs takes place in a flash, e.g.

(1) 昨天还很暖和，今天一下子冷起来了。

(2) 搬石头的人很多，一下子就把石头都搬光了。

(3) 学习一种语言，不是一下子就能学好的，得经常练习，反复练习，才能慢慢掌握。

4. 死蛇还有什么可怕的呢

"有什么"放在形容词前表示一种反问的语气，意思是"不…"或"不太…"。如果改成直陈语气，就要用"没有什么…"。例如：

"有什么" can be added before an adjective to form a rhetorical question, meaning "不…" or "不太…". "没有什么…" should be used instead if such a question is changed to a declarative sentence, e.g.

(1) 这个故事有什么可笑的，我觉得一点儿也不可笑。

(2) 这个句子有什么难，分析一下它的语法关系就能看懂了。

(3) 我看这儿的天气没什么好，夏天太热，冬天太冷。

5. 他走路一拐一拐的

"一"放在两个相同（或同类）的动词前，表示动作连续发生。"一…一…"可以作谓语、状语或定语，后面常要用"的"（或"地"）。例如：

The reduplication of a verb preceded separately by "一" indicates that the action represented by the verb takes place in succession. Such an expression "—…—…" may serve as a predicate, an adverbial adjunct or an attributive and usually takes after it "的" or "地", e.g.

(1) 小鸟还飞不好，落在地上只能一跳一跳的。

(2) 这个孩子睡得不安静，可能在作梦，手和脚总是一动一动的。

(3) 他的腿受过伤，所以总是一拐一拐地走。

(4) 看他走路时一拐一拐的样子，就知道他的腿一定有病。

6. 给喝又要挨主人骂

副词"又"在这里表示转折，有"可是"、"却"等意思。有时还可以和"可是"、"却"等并用。例如：

The adverb "又" here expresses a turn in speech, meaning "可是" or "却". In addition, "又" can be used together with "可是" or "却" in the same clause, e.g.

(1) 你看这天气多奇怪，东边在下雨，西边又出太阳了。

(2) 这个句子里有一个词我不会，想问问同学，同学们又都不在；想查查字典，字典又找不到了。

(3) 我心里有很多话想说，可是嘴里又表达不出来。

7. 打算

动词"打算"有两个意思:

The verb "打算" carries the following two meanings:

A. 是(为某人的利益)考虑、计划的意思。例如:

To think over or plan (for someone's interests), e.g.

(1) 不论作什么事,我们都应该首先想到国家,想到人民,不应该只为自己打算。

(2) 幼儿园的老师这样安排,完全是为孩子们打算。

B. 是准备、计划、想(采取某行动)。宾语多为动词或动词结构。例如:

To prepare or intend (to do something). In this sense, its object is usually a verb or verbal construction, e.g.

(1) 我打算用两个星期的时间把那篇学术论文写出来。

(2) 老师们打算讨论一下下一阶段的教学工作怎样安排。

名词"打算"意思是关于未来行动的想法、念头、计划等。例如:

The noun "打算" means the idea, intention or plan for what one is going to do in the future, e.g.

(1) 寒假我们想去东北旅行,你有什么打算?

(2) 放假以后你到底回国不回国,希望你早作打算。

8. 打算等到夜里再说

"再说"表示留待以后办理或考虑。例如：

"再说" means to leave something over until sometime in the future, e.g.

(1) 他们提出的这个要求，现在还不能考虑，过一些时候再说吧。

(2) 这几项工作我们要在放假前安排好，不能等到寒假以后再说。

(3) 你们急用那些物资吗？什么时候给你们送去？
　　——再说吧！我们现在还不需要呢。

9. 我的病好多了

"多"用在形容词或某些动词之后作结果补语或程度补语，表示比较之下，相差的程度大。例如：

Coming after adjectives or some verbs as a complement of result or degree, "多" indicates a great difference between two things by comparison, e.g.

(1) 他每天早晨都到操场上去锻炼，现在身体比以前好多了。

(2) 一年不见，小弟弟高多了。

(3) 我的发音不如她，她的发音比我清楚多了。

(4) 他为祖国作的贡献比我们大得多。

(5) 他读过的鲁迅的小说和文章比我多得多。

10．白

副词"白"有下面两个意思：

As an adverb, "白" has the following two meanings:

Ａ．表示在作某事或进行某种活动时，用了时间、精力等，但收不到应有的效果，或达不到预期的目的。也可以用重叠式"白白"。例如：

To indicate that one does something in vain or for nothing at the cost of time or effort. "白" can also be reduplicated into "白白", e.g.

(1) 昨天我没找到他,白白跑了一个多小时。

(2) 他本来是要到我家玩儿的，可是因为有事没来成。结果，我白高兴了半天，大家也白等了他一下午。

(3) 原来，暴风雨来的时候，他早已找到了避雨的地方，我白为他担心了。

Ｂ．不付代价或报酬。表示这种意思时，不能重叠成"白白"。例如：

To indicate that one does something free of charge or without reward. "白" cannot be reduplicated when it expresses such a meaning, e.g.

(1) 刘无赖每次来酒店，总是白喝酒，不给钱。

(2) 老队长连生产队的一捆 (kǔn, *a measure word*) 草也没白拿过。

四、近义词例解

又 再 还

"又"、"再"、"还"都是副词，都可以表示动作的重复，但用法不完全一样。

"又", "再" and "还" are all adverbs indicating repetition, but they are different in usage:

"又"一般表示已实现的重复。例如：

"又" usually indicates a realized repetition, e.g.

(1) 这个电影我上星期看了一次，昨天又看了一次。

有时表示重复虽未实现，但必然会实现。这种重复一般是有规律性的。"又"多用在"是"以及能愿动词之前。例如：

Sometimes it may indicate an unrealized repetition which, however, is bound to come true, and the repetition is usually in a regular manner. In this sense, "又" mostly comes before "是" or an optative verb, e.g.

(2) 明天又是星期六了。

(3) 下星期三我们又该考试了。

"再"表示未实现的重复。例如：

"再" indicates an unrealized repetition, e.g.

(4) 这个电影我上星期看了一次，明天想再看一次。

"又"和"再"都是用来表示某种情况的重复的，有时这种情况是用否定形式的结构来表示的，那么"又"和"再"就用在否定词前。例如：

Both "又" and "再" are used to indicate the repetition of a certain state of affairs, which is sometimes structurally negative and in that case "又" or "再" comes before the negative word, e.g.

(5) 他昨天没来，今天又没来，也许是病了。

(6) 他今天不来，不要紧；要是明天再不来，我们就得去找他了。

"再也不…"是一种强调的说法，表示某种情况永远不再重复，句尾常有"了"。例如：

The construction "再也不…" is an intensive expression which indicates a certain state of affairs is never to repeat itself and there is often a "了" at the end of the sentence, e.g.

(7) 那个地方太远了。我去过一次，以后再也不去了。

"再也没…"也是一种强调的说法，表示到说话时为止，某种情况一直没重复过。例如：

The construction "再也没…" is an intensive expression as well. It indicates that a certain state of affairs has never repeated itself up to the present, e.g.

(8) 那个地方太远，我去过一次，后来再也没去过。

263

"还"也可以表示未实现的重复，但和"再"不同的地方一个是：在疑问句里多用"还"。例如：

"还" can also indicate an unrealized repetition, but it is different from "再" in the following two points:

1. "还" occurs more frequently in interrogative sentences than "再"，e.g.

(9)　这个电影你上星期看了一次，明天还看吗？

(10)　那个地方他以前去过，明天还去不去？

另一个是：在陈述句里如果有能愿动词，"还"用在能愿动词之前，"再"用在能愿动词之后。例如：

2. In a declarative sentence, if there is an optative verb, "还" comes before the optative verb, whereas "再" after it, e.g.

(11)　那篇学术论文昨天我已经修改了一遍，明天还要修改一遍。

(12)　那篇学术论文昨天我已经修改了一遍，明天要再修改一遍。

如果"还"和"再"出现在同一个句子里，"还"放在能愿动词之前，"再"放在能愿动词之后。这样用时语气显得更强。例如：

If "还" and "再" are used simultaneously in the same sentence，"还" should be placed before the optative verb while "再" after it. In this usage, the sentence sounds more emphatic, e.g.

264

(13) 那篇学术论文昨天我已经修改了一遍，明天还要再修改一遍。

(14) 这些句子我已经检查过了，都没有语法错误，你还要再检查吗？

五、练 习

1. 熟读下列词组：

山区	小镇	点灯	茶碗
林区	村镇	点火	饭碗
灾区	城镇	点烟	

西头	可怕	瓶盖儿	酒缸
东头	可笑	锅盖儿	水缸
南头	可爱	缸盖儿	
北头	可怜	壶盖儿	

2. 写出下列词语的量词来，并把用同一量词的词语写在表里：

两____姑娘　　　　　几____斧子

八____论文　　　　　十几____蛇

十二____苗　　　　　二十几____壶

九____羽毛　　　　　四、五十____鱼

三十____日记　　　　十几____鸟

十五____作文　　　　一百____猎枪

七____竹筒　　　　　几十____狼

一＿＿＿原则　　　　九十＿＿＿梨

一＿＿＿愿望　　　　两＿＿＿袖子

二十＿＿＿山洞　　　二十四＿＿＿渔船

一＿＿＿梦　　　　　十＿＿＿学者

五十＿＿＿玻璃　　　一百多＿＿＿海员

五、六十＿＿＿狗　　六＿＿＿电铃

几千＿＿＿渔民　　　五＿＿＿手指

七＿＿＿碗

个	
篇	
根	
块	
把	
只	
支	

266

3. 选择合适的词组填空：

一动一动　　　　　一压一压

一摇一摆　　　　　一跳一跳

一皱一皱　　　　　一点一点

一拐一拐　　　　　一踢一踢

(1) 他眉头＿＿＿＿＿，一定在想什么心事。

(2) 她一推那个泥（ní, mud）人，那个泥人身子就＿＿＿＿＿地动着，孩子们看着都笑了。

(3) 那架机器＿＿＿＿＿地给药瓶装上了盖儿。

(4) 鱼在吃东西的时候，嘴＿＿＿＿＿的，很有意思。

(5) 他走路＿＿＿＿＿，几乎摔倒了。

(6) 你看他走路＿＿＿＿＿的，一定有高兴的事。

(7) 他在听你的意见的时候，头＿＿＿＿＿的，可能同意你的意见。

(8) 他睡觉不老实，总是＿＿＿＿＿的，没几下，就把盖的都踢开了。

4. 用括号里的词语完成句子：

(1) 老李听到后边"哎呀"一声，回头一看，

一位大娘摔倒了，_____，把她扶起来。（往回走）

(2) 哎呀，你走错了，你要找的人在南头，_____。（往回走）

(3) 刚才还有太阳，_____。（一下子）

(4) 山区的天气很特别，刚才还好好的，_____。（一下子）

(5) 学习什么专业_____，都必须下苦工夫才能成功。（一下子）

(6) 大家的热情很高，_____。（一下子）

(7) 小孩子不懂事，你要跟他讲道理，不要生气，_____。（白）

(8) _____，原来张同志借走了我的书。（白）

(9) _____，我的朋友又不来了。（白）

(10) _____，原来他是跟我开玩笑的。（白）

(11) 这个生产队的社员思想水平都很高，_____。（白）

(12) 我原来想去买东西，可是现在下雨了，_____。（又）

(13) 他本来就不太会说话，_____他更说不上来了。（又）

5. 改写句子：

a. 用带 "得" 的补语

例： 他的腿病又犯了，不能走路，只好在家休息。

他的腿病又犯了，疼得他不能走路，只好在家休息。

(1) 他很激动，连话都说不出来了。

(2) 他得了一场重病，三天都没起床。

(3) 他见到狼很害怕，连往哪个方向跑都不知道了。

(4) 他的声音很低，我都听不清楚他说些什么。

(5) 这支铅笔太短了，拿也拿不住，不能再用了。

b. 用 "有什么…"

例： 这个成语不难，只要仔细想一想，就能明白。

这个成语有什么难，只要仔细想一想，就能明白。

(1) 这个语法规律并不难掌握，只要反复练习就会用了。

(2) 捉狼并不难，只要掌握它的活动规律，就能捉住。

(3) 没有毒的蛇并不可怕，只要你不动它，它就不会害你。

(4) 他闻了闻说："这种酒并不好，没有你带来的那种香。"

c. 用"再说"

例：今天的时间不够,关于另外两个问题以后再讨论吧!

今天的时间不够,关于另外两个问题以后再说吧!

(1) 这几天我们首先把考试的准备工作作好，其他的事过了这几天再安排。

(2) 今天时间不早了，他还没有住宿的地方，我们先安排好他的住处，别的事情明天再安排。

(3) 他还有点儿犹豫，那么关于旅行的事过几天再考虑吧!

(4) 这个月我身边的钱不多，那件大衣以后再买吧!

(5) 你先安慰安慰她，让她别难过，别的事情以后再解决。

(6) 大夫对病人说："你得了好几种病，不能一下子都治好，现在先给你作手术治

好你的眼病，别的病等眼病治好了再
治。"

d. 用"…多了"或"…得多"

例： 他前年一米六十。

　　他今年一米七十。

　　他比前年高多了。

　　他比前年高得多。

(1) 这个姑娘去年一米五十，今年一米五十
五。

(2) 这块玻璃长两米，宽一米，那块玻璃长
一米，宽半米。

(3) 这儿的风景好看，那个城市的风景更好
看。

(4) 这把壶能装一斤酒，那把壶只能装半斤
酒。

(5) 这个口袋装得下十斤梨，那个口袋只装
得下三斤。

e. 用"打算"

(1) 这个计划是为大家考虑的，我们都同意。

(2) 他准备明年出国留学。

(3) 小王想学地质，你呢？

(4) 他准备明天去山区调查那儿的地质构造。

6. 阅读下面短文并按照文中所提的要求作练习:

　　蛇酒是一种药酒，它能治病；茅台（Máotái, name of a place）酒是中国的名酒。这两句话里有四个词语都是用"酒"作中心（zhōngxīn, centre）组成的。但是仔细分析起来，这四个词语中的修饰成分（xiūshì chéngfèn, modifier）和酒的关系都不相同。蛇酒中的"蛇"字是告诉我们这种酒是用什么东西作成的。药酒中的"药"是说明这种酒有什么用处。茅台是地名，茅台酒是告诉你茅台地方出产（chūchǎn, to produce）的酒。名酒是有名的酒的意思。在汉语里，象上边提到的四种关系组成的词语还有很多。例如：草棚子、草屋、玻璃杯、玻璃瓶、竹筒、木船等这些词语中的修饰成分是说明用什么东西作成的。球衣、运动衣、雨衣、渔船、笔筒、茶杯、饭碗、酒壶等中的修饰成分是说明用处的。表示地名的也有一些，例如南丰桔子、烟台苹果等。说明东西特点（tèdiǎn, characteristic）、颜色、形状（xíngzhuàng, shape, form）的词语就更多了，例如黄酒、名酒、甜面包等。

　　(1) 现在我们举出一些词语，请你根据它们的修饰成分的特点，把它们填在下边的表里：猎枪、木枪、竹椅、躺椅、柴屋、文件包、书包、奶糖、白糖、红糖、汉字表、调查表、洗澡房、瓶盖儿、锅盖儿、酒店、粮店、书店、办公室、圆面包、牛奶面包、蓝布、粉笔、话剧、歌剧

用什么东西作成的	表示特点、颜色、形状的	表示用处的

（2）请你自己说出一些词语填入下列表中：

用什么东西作成的	表示特点、颜色、形状的	表示用处的

词 汇 表

A

ā	阿唷	（叹）	āyō	*an interjection*	71
āi	哎呀	（叹）	āiyā	*an interjection*	67
ái	挨打		ái dǎ	to suffer a beating, to be beaten, to take a beating	73
ǎi	矮	（形）	ǎi	short of stature	65
ài	爱	（动）	ài	to like, to be fond of	65
ān	安排	（动）	ānpái	to arrange	72
	安全	（形）	ānquán	safe	68
	安慰	（动）	ānwèi	to comfort, to console	59

B

bá	拔	（动）	bá	to pull, to pluck	60
bái	白	（副）	bái	for nothing, free of charge, in vain	73
bàn	半天	（名）	bàntiān	for a long time, half a day	63
bǎng	榜样	（名）	bǎngyàng	example, model	70
bāo	包	（动）	bāo	to wrap	67

bào	暴风雨	（名）	bàofēngyǔ	rainstorm, storm	72
bēi	碑	（名）	bēi	monument	61
	背	（动）	bēi	to carry on the back	60
bèi	背	（名）	bèi	back	68
běn	本来	（形、副）	běnlái	original, originally, at first	64
bì	避	（动）	bì	to seek shelter (from a rain)	72
	必然	（形）	bìrán	inevitable, to be bound to	71
	必须	（能动）	bìxū	must, to have to	69
biàn	变	（动）	biàn	to change	65
biāo	标点	（名）	biāodiǎn	punctuation	66
biǎo	表达	（动）	biǎodá	to express, to voice, to convey	66
	表示	（动）	biǎoshì	to show, to express, to extend	61
bié	别人	（代）	biérén	other people, others	63
bìng	并	（副）	bìng	*an adverb placed before a negative word to show not as might be expected*	68
bō	玻璃	（名）	bōli	glass	59
bó	博物馆	（名）	bówùguǎn	museum	61
bú	不但	（连）	búdàn	not only	64
	不过	（连）	búguò	but, however, only	62
	不论	（连）	búlùn	no matter	64

	不住		bú zhù	not firmly, not securely	68
bù	部	（名）	bù	ministry	70
	不慌不忙		bù huāng bù máng	in no hurry, unhurriedly	65
	布景	（名）	bùjǐng	scene	62
	不如	（动）	bùrú	not as good as, not up to	60
	不由得	（副）	bùyóude	could not help doing sth.	67
	部长	（名）	bùzhǎng	minister	70

C

cái	才能	（名）	cáinéng	ability and talent	65
cǎo	草	（名）	cǎo	grass	60
	草料	（名）	cǎoliào	forage, fodder	72
	草屋		cǎo wū	straw shed	67
céng	曾经	（副）	céngjīng	(at) some time in the past	70
chā	插	（动）	chā	to plug in, to insert	67
chà	差	（形）	chà	poor, not up to standard	62
	差一点儿	（副）	chàyìdiǎnr	almost, nearly	72
chái	柴	（名）	chái	firewood	64
chǎn	产生	（动）	chǎnshēng	to produce, to give rise to, to bring about	70

276

cháng	场	（量）	cháng	*a measure word*	68
cháo	朝	（介、动）	cháo	to, towards, to go (move) toward	69
chéng	成功	（动）	chénggōng	to succeed	65
	成绩	（名）	chéngjī	achievement	70
	城楼	（名）	chénglóu	city-gate tower, here: rostrum	61
	成语	（名）	chéngyǔ	idiom, set phrase	63
chí	池	（名）	chí	pond, pool	69
_chōu	抽	（动）	chōu	to try to find (time)	67
^chū	出口	（动、名）	chūkǒu	to export, export	70
	出路	（名）	chūlù	way out	60
chuán	传	（动）	chuán	to spread, to go round	72
	传说	（动、名）	chuánshuō	it is said, legend	73
chuǎng	闯	（动）	chuǎng	to rush in by force or improperly, to force one's way in or out	69
	闯祸		chuǎng huò	to precipitate a disaster, to lead to trouble	69
chuàng	创立	（动）	chuànglì	to set up, to establish	70
cóng	从此	（连）	cóngcǐ	henceforth, thereupon, from then on, from now on	73

277

	从来	（副）	cónglái	at all times, always	65
	从前	（名）	cóngqián	before, formerly, once upon a time	63
cún	存在	（动）	cúnzài	to exist	64
cuò	错误	（名）	cuòwu	mistake, error	64

D

dā	搭	（动）	dā	to get a lift (in a car, cart, etc.)	72
dǎ	打猎		dǎ liè	to hunt, to go hunting	67
	打扰	（动）	dǎrǎo	to disturb, to trouble	67
	打算	（动、名）	dǎsuàn	to plan, to intend, intention, plan	73
	打听	（动）	dǎting	to inquire, to ask	67
dà	大车	（名）	dàchē	cart	72
	大使	（名）	dàshǐ	ambassador	65
	大约	（副）	dàyuē	approximately, about	72
dān	担心		dān xīn	to worry, to feel anxious	59
dàn	诞生	（动）	dànshēng	to be born, to give birth to	70
dāng	当	（动）	dāng	to fill an office, to serve as	65
	当时	（名）	dāngshí	at that time, then	69

dǎng	挡	（动）	dǎng	to obstruct, to block	60
dàng	当天	（名）	dàngtiān	that very day, at the same day	72
dào	倒	（动）	dào	to pour, to tip	73
	到底	（副）	dàodǐ	after all, at last	63
	到底		dào dǐ	to the end, thoroughly	68
dē	得得	（象声）	dēdē	*onomatopoeia*	69
dé	得意	（形）	déyì	elated, exulting, pleased with oneself	63
děi	得	（能动）	děi	must, to have to, should, to need	68
dí	的确	（副）	díquè	indeed, really	63
dǐ	抵挡	（动）	dǐdǎng	to resist, to parry	68
dì	地点	（名）	dìdiǎn	place	62
	地球	（名）	dìqiú	the earth	70
	地区	（名）	dìqū	area	70
	地质	（名）	dìzhì	geology	70
	地质学	（名）	dìzhìxué	geology	70
diǎn	点灯		diǎn dēng	to light a lamp	73
diàn	电话机	（名）	diànhuàjī	telephone set	62
diào	调查	（动）	diàochá	to investigate	64
diē	爹	（名）	diē	father, dad	73
dòng	洞	（名）	dòng	hole, cave	65
	动	（动）	dòng	to move, to get moving	60

	动静	（名）	dòngjing	the sound of sth. astir, happenings, noise	73
	动手		dòng shǒu	to start doing something, to proceed to do something	67
	动作	（名）	dòngzuò	action, movement	69
dòu	逗号	（名）	dòuhào	comma	66
duàn	断	（动）	duàn	to break off, to sever	59
duì	对	（动）	duì	to face, to confront	60
	对方	（名）	duìfāng	opposite side	65
dùn	顿	（量）	dùn	*a measure word*	71
	顿号	（名）	dùnhào	pause mark	66
duō	多么	（副）	duōme	how	61
duǒ	朵	（量）	duǒ	*a measure word*	67
	躲	（动）	duǒ	to hide, to dodge	68

E

è	饿	（形、动）	è	hungry, to be hungry, to starve	68
ér	而且	（连）	érqiě	moreover, besides, and (not only ...) but also ...	69

280

F

fā	发财		fā cái	to makea fortune	71
fān	番	（量）	fān	*a measure word*	71
	翻	（动）	fān	to look through, to turn over	72
fǎn	反而	（副）	fǎn'ér	but, on the contrary	64
	反复	（动）	fǎnfù	to repeat	69
fàn	犯	（动）	fàn	to commit, to make (a mistake)	64
fāng	方式	（名）	fāngshì	fashion, way, manner	70
fáng	房梁	（名）	fángliáng	roof beam	73
fàng	放	（动）	fàng	to let go, to set free, to release	68
	放心		fàng xīn	to set one's mind at rest, to be at ease	59
fēng	封建	（名、形）	fēngjiàn	feudalism, feudal	69
	风景	（名）	fēngjǐng	scenery, scene	67
fú	扶	（动）	fú	to support, to help	59
	符号	（名）	fúhào	mark, symbol	66
	符合	（动）	fúhé	to conform, to be in keeping with	64
	服务	（动）	fúwù	to serve	62
fǔ	斧子	（名）	fǔzi	ax	64
fù	富贵	（形）	fùguì	rich and honourable, wealth and rank, riches and honour	71

	复活	（动）	fùhuó	to recover, to revive	59
	附近	（名）	fùjìn	nearby	59

G

gāi	该	（能动）	gāi	should, ought to	68
gài	盖	（动）	gài	to cover	72
	盖儿	（名）	gàir	lid, cover	73
gǎn	赶	（动）	gǎn	to hurry on	67
	敢	（能动）	gǎn	dare, to dare	73
	感到	（动）	gǎndào	to feel	63
	感激	（动）	gǎnjī	to be grateful, to be obliged, to gratitude	72
	赶紧	（副）	gǎnjǐn	hurriedly, in a hurry	72
	赶路		gǎn lù	to hurry (push) on with one's journey	72
	感叹号	（名）	gǎntànhào	exclamatory point	66
	感谢	（动）	gǎnxiè	to thank	61
gàn	干	（动）	gàn	to do, to work, to make	60
gāng	缸	（名）	gāng	vat, jar	73
gǎo	搞	（动）	gǎo	to do, to make, to get	64
gé	革命	（名、动）	gémìng	revolution, to make revolution	61
gēn	根本	（名、形）	gēnběn	foundation, root, basic, fundamental	64

	根据	（动、名）	gēnjù	to base on, basis, ground	64
gōng	工夫	（名）	gōngfu	time	63
	功绩	（名）	gōngjī	merits, achievement	70
	工具	（名）	gōngjù	tool, instrument	66
	恭维	（动）	gōngwéi	to flatter, to compliment	71
gòng	贡献	（动、名）	gòngxiàn	to contribute, to render service, contribution	70
gǒu	狗	（名）	gǒu	dog	65
gòu	够	（动）	gòu	to be enough	62
	构造	（名）	gòuzào	structure, construction, to construct	70
gū	姑娘	（名）	gūniang	girl	67
gǔ	古代	（名）	gǔdài	ancient times	60
guǎi	拐	（动）	guǎi	to limp	73
guān	官	（名）	guān	official	69
	关系	（名、动）	guānxi	relation, to matter, to concern	65
	关于	（介）	guānyú	about, on, concerning, with regard to	69
guǎn	管	（动）	guǎn	to be in charge of, to take charge of	67
	管理	（动）	guǎnlǐ	to manage, to run	62
guāng	光	（动）	guāng	to be used up, nothing left	73

gui	规律	（名）	guīlǜ	law	70
guì	柜台	（名）	guìtái	counter	73
guó	国内	（名）	guónèi	inside the country	70
	国外	（名）	guówài	abroad	70
	国王	（名）	guówáng	king	65
guǒ	果然	（副）	guǒrán	as expected	73
	果实	（名）	guǒshí	fruit	65
guò	过路	（形）	guòlù	passing, to pass by on one's way	67
	过夜		guò yè	to stay overnight, to stay for the night	67

H

hā	哈哈	（象声）	hāhā	*onomatopoeia*	66
hǎi	海员	（名）	hǎiyuán	seaman	59
hài	害	（动）	hài	to cause harm to, to injure	68
	害怕	（动）	hàipà	to fear, to be afraid	68
hàn	汗	（名）	hàn	sweat, perspiration	65
háng	行	（量）	háng	*a measure word*	67
hǎo	好	（副）	hǎo	how	67
	好报		hǎo bào	to be amply rewarded, to have a good luck	71
	好处	（名）	hǎochu	benevolence, mercy	68
hé	合家		hé jiā	the whole family	71

284

	合力	（动）	hélì	to join forces	71
hòu	后面	（名）	hòumian	back, behind	72
hú	壶	（名）	hú	pot	63
hù	户	（量）	hù	*a measure word,* household	65
	互相	（副）	hùxiāng	each other, mutually	66
huà	画	（动）	huà	to paint, to draw	63
huái	怀疑	（动）	huáiyí	to doubt, to suspect	64
huài	坏人	（名）	huàirén	bad person, evil-doer	68
huán	环境	（名）	huánjìng	circumstances, environment, surrounding	69
huāng	慌张	（形）	huāngzhāng	flurried, flustered	68
huǎng	谎	（名）	huǎng	lie, to lie	71
huí	回	（量）	huí	*a measure word*	72
	回头		huí tóu	to turn one's head	63
huó	活泼	（形）	huópo	lively, vigorous	67
huǒ	伙计	（名）	huǒji	salesman, shop assistant, waiter	73

J

jī	激动	（动）	jīdòng	to excite, to be excited, to be moved	61
	几乎	（副）	jīhū	almost, nearly	69
	机会	（名）	jīhuì	chance, opportunity	61
jí	级	（量）	jí	*a measure word,* force	72

	急促	（形）	jícù	hurried, rapid	72
	急忙	（形）	jímáng	hurried, in a hurry, in haste	63
jǐ	挤	（动、形）	jǐ	to squeeze, to be crowded, crowded	65
jì	记录	（动）	jìlù	to record	66
	纪念	（名、动）	jìniàn	to commemorate, to mark, commemoration	61
	既然	（连）	jìrán	since	65
	既…也…		jì … yě …	both …and …	71
jiā	加	（动）	jiā	to add	66
	家	（尾）	jiā	*a nominal suffix for such words as writer, artist, etc.*	70
	家	（量）	jiā	*a measure word*	71
jià	价钱	（名）	jiàqian	price	73
jiān	肩	（名）	jiān	shoulder	67
jiǎn	简直	（副）	jiǎnzhí	virtually, simply	68
jiàn	渐渐	（副）	jiànjiàn	gradually, little by little	68
	建筑	（名、动）	jiànzhù	building, architecture	61
jiāng	将	（副）	jiāng	shall, will, to be going to, to be about to	61
	将来	（名）	jiānglái	future	71
jiǎng	讲堂	（名）	jiǎngtáng	classroom	71

jiē	接	（动）	jiē	to join, to piece together	59
	阶段	（名）	jiēduàn	period, stage	70
	接见	（动）	jiējiàn	to receive, to give an interview to	70
jié	结	（动）	jié	to bear (fruit)	65
	节日	（名）	jiérì	festival	59
jiè	借	（介）	jiè	by means of, by the help of	68
jǐn	紧	（形）	jǐn	tight, close	59
	紧密	（形）	jǐnmì	close, intimate	72
jìn	进军	（动）	jìnjūn	to march on, to advance	70
	进入	（动）	jìnrù	to enter, to make one's way into	70
jīng	经常	（形）	jīngcháng	constant, often	73
	京城	（名）	jīngchéng	capital	69
	经济	（名、形）	jīngjì	economy, economic	70
jìng	静	（形）	jìng	quiet, tranquil	69
jiū	究竟	（副、名）	jiūjìng	after all, whys and wherefores, the reasons for	70
	纠正	（动）	jiūzhèng	to correct, to redress	64
jiǔ	酒	（名）	jiǔ	wine	63
	酒店	（名）	jiǔdiàn	wineshop, public house	73

jú	桔子	（名）	júzi	orange	65
jǔ	举	（动）	jǔ	to raise, to put up	65
jù	句号	（名）	jùhào	period, full stop	66
	俱乐部	（名）	jùlèbù	club	59
	据说		jù shuō	it is said that, to be said to	69
juǎn	卷	（动）	juǎn	to roll, to wind	73

K

kāi	开幕		kāi mù	the curtain rises	62
	开玩笑		kāi wánxiào	to make (crack) a joke (fun)	66
kǎn	砍	（动）	kǎn	to chop	64
kǎo	考虑	（动）	kǎolǜ	to think over, to ponder over	69
kào	靠	（动）	kào	to rely on, to depend on, to lean against	59
kē	棵	（量）	kē	*a measure word*	63
	科技	（名）	kējì	science and technology	70
kě	可爱	（形）	kě'ài	lovely	67
	可怜	（形、动）	kělián	pitiful, to pity	68
	可怕	（形）	kěpà	fearful, frightful, terrible	73

288

	可笑	（形）	kěxiào	funny, ridiculous	60
kè	刻苦	（形）	kèkǔ	assiduous, hard-working	69
kǒng	恐怕	（副）	kǒngpà	perhaps, I'm afraid	67
kòng	空儿	（名）	kòngr	free time	67
kǒu	口袋	（名）	kǒudai	sack	68
kù	库房	（名）	kùfáng	storehouse, store-room	73
kǔn	捆	（动）	kǔn	to tie	68

L

lā	拉	（动）	lā	to pull, to drag	65
là	辣椒	（名）	làjiāo	pepper	67
lán	拦	（动）	lán	to block, to hold back, to stop	72
láng	狼	（名）	láng	wolf	68
lǎo	老百姓	（名）	lǎobǎixìng	common people, ordinary civilian	69
	老人	（名）	lǎorén	old man	60
	老实	（形）	lǎoshi	honest	69
	老头子	（名）	lǎotóuzi	old man	60
léi	雷	（名）	léi	thunder	72
lí	梨	（名）	lí	pear	67
	离开		lí kāi	to leave, to depart from, to deviate from	66

lí	里	（量）	lǐ	a Chinese unit of length (= 1/2 kilometre)	72
	理论	（名）	lǐlùn	theory	70
	里面	（名）	lǐmiàn	inside, within	68
	理想	（名、形）	lǐxiǎng	ideal, idealistic	61
lì	立论		lì lùn	to set forth one's reviews, to express an opinion	71
	力学	（名）	lìxué	mechanics	70
lián	连	（动）	lián	to link, to join, to connect	66
	连	（副）	lián	repeatedly, in succession	73
	连…都 （也）…		lián …dōu (yě) …	even	59
	连忙	（副）	liánmáng	at once, promptly, immediately	63
	联系	（动、名）	liánxì	to contact, to get in touch with, to connect, ties, connection	70
liáng	凉	（形）	liáng	cool	72
	良心	（名）	liángxīn	conscience	68
liǎo	了	（动）	liǎo	to end up	63
liè	猎枪	（名）	lièqiāng	hunting gun	67
lín	淋	（动）	lín	to take a shower, to be caught in the rain	67

	临	（动）	lín	to be about to, on the point of	72
	邻居	（名）	línjū	neighbour	60
līng	铃	（象声）	līng	*onomatopoeia*	72
líng	铃	（名）	líng	bell	72
lìng	另	（形、副）	lìng	another, other	63
	另外	（形、副）	lìngwài	other	65
liú	流传	（动）	liúchuán	to spread, to circulate	69
	留学	（动）	liúxué	to study abroad, to go abroad for further study	70
luàn	乱	（形）	luàn	disorderly, confused	69
lùn	论文	（名）	lùnwén	essay, thesis	70
luò	落	（动）	luò	to fall, to go down, to set	61
lú	驴	（名）	lú	donkey	68

M

mǎn	满	（形）	mǎn	full	65
	满月		mǎn yuè	(of a baby) one month old	71
mào	冒号	（名）	màohào	colon	66
méi	眉头	（名）	méitóu	brow	72
	没用		méi yòng	useless	65

N

nián	年代	（名）	niándài	years	70
niǎo	鸟	（名）	niǎo	bird	69
nòng	弄	（动）	nòng	to make, to do	66

P

pà	怕	（动）	pà	to fear, to be afraid of	60
pàn	判断	（动）	pànduàn	to judge, to assess, to determine	64
péng	棚子	（名）	péngzi	shed, shack	72
pín	贫油		pín yóu	to be poor in oil	70
píng	平	（形）	píng	level, flat, even	60
	凭	（动）	píng	to base on, to take as the basis, to rely on	64
	评理		píng lǐ	to judge	68
	平原	（名）	píngyuán	plain	70
pū	扑	（动）	pū	to jump on (upon)	68
pǔ	普查	（动）	pǔchá	to make a general investigation (survey)	70

Q

qī	妻子	（名）	qīzi	wife	60
qí	奇怪	（形）	qíguài	strange, queer	63
	其中	（名）	qízhōng	among (whom or which)	69
qì	气象	（名）	qìxiàng	meteorology	72

qiān	千万	（副）	qiānwàn	be sure	62
qián	前途	（名）	qiántú	prospect, future	70
qiāo	敲	（动）	qiāo	to strike, to knock	69
qiáo	瞧	（动）	qiáo	to look	71
qiǎo	巧	（形）	qiǎo	coincidental, opportune, as it happens, as luck would have it	69
qīn	亲自	（副）	qīnzì	personally, in person	70
qīng	轻快	（形）	qīngkuài	brisk, spry	73
qíng	晴	（形）	qíng	fine, clear	61
	情景	（名）	qíngjǐng	general aspect, situation	69
	晴朗	（形）	qínglǎng	fine, sunny	62
qǐng	请教	（动）	qǐngjiào	to consult, to ask for advice	71
qióng	穷	（形）	qióng	poor	73
	穷人	（名）	qióngrén	the poor	73
qiū	丘陵	（名）	qiūlíng	an earthen mound, hill	70
qǔ	取	（动）	qǔ	to fetch	73
	取得	（动）	qǔdé	to obtain, to achieve, to get	70
qún	群	（量）	qún	*a measure word*, group, crowd	67

R

rè	热爱	（动）	rè'ài	to love	70
	热乎乎	（形）	rèhūhū	warm	72
rén	仁慈	（形）	réncí	kind, merciful	68
	人家	（名）	rénjiā	household	65
	人物	（名）	rénwù	character	62
rèn	认为	（动）	rènwéi	to take for, to consider, to regard as	70
rì	日记	（名）	rìjì	diary	61
rú	如何	（代）	rúhé	how, what	62

S

sè	色	（名）	sè	colour	67
sēng	僧	（名）	sēng	monk, priest	69
shān	山门	（名）	shānmén	gate to a monastery	69
	山区	（名）	shānqū	mountain area	73
shàng	上面	（名）	shàngmian	top, above	68
shé	蛇	（名）	shé	snake	63
shè	社会	（名）	shèhuì	society	66
shēn	伸	（动）	shēn	to stretch, to extend	73
shén	神仙	（名）	shénxian	angel, spirit	60
shēng	声	（量）	shēng	*a measure word*	73
	生动	（形）	shēngdòng	vivid, lively	69
	生火		shēng huǒ	to make (light) a fire	67

	生气		shēng qì	to be (get) angry	68
shěng	省略号	（名）	shěnglüèhào	dotted line	66
shèng	胜利	（动、名）	shènglì	to win victory, victory, triumph	70
shī	湿	（形）	shī	wet	67
	诗	（名）	shī	poem	69
	诗人	（名）	shīrén	poet	69
shí	时代	（名）	shídài	times, era	69
	十分	（副）	shífēn	very, extremely	63
	实际	（名、形）	shíjì	reality, realistic	64
	实践	（动）	shíjiàn	to practise, to put in practice	70
	实现	（动）	shíxiàn	to realize, to come true	61
	石油	（名）	shíyóu	petroleum	70
shǐ	使	（动）	shǐ	to make, to cause	70
	使用	（动）	shǐyòng	to use, to utilize	66
shì	事实	（名）	shìshí	fact	64
	逝世	（动）	shìshì	to pass away, to die	70
	事先	（名）	shìxiān	in advance, beforehand	72
	事业	（名）	shìyè	cause	70
shōu	收	（动）	shōu	to accept, to receive	62
shǒu	手术	（名）	shǒushù	surgical operation	59
	首先	（副）	shǒuxiān	first of all, above all, in the first place	70

	手指	（名）	shǒuzhǐ	finger	59
shù	树林	（名）	shùlín	wood, forest	67
	树枝	（名）	shùzhī	twig, tree branch	63
shuǎi	甩	（动）	shuǎi	to fling, to cast away	65
shuǐ	水土	（名）	shuǐtǔ	water and soil	65
shuō	说明	（动、名）	shuōmíng	to explain, to show, to illustrate	66
sī	思想	（名）	sīxiǎng	thought, thinking, idea	66
sòng	送	（动）	sòng	to give, to give as a present, to send	62
sù	宿	（动）	sù	to dwell, to stay overnight	69
suān	酸	（形）	suān	sour	65
suí	随（着）	（动）	suí (zhe)	to accompany, to go with, to follow	72
sūn	孙子	（名）	sūnzi	grandson	60
suǒ	所	（量）	suǒ	*a measure word*	67

T

tài	太阳	（名）	tàiyang	the sun	65
tè	特地	（副）	tèdì	specially, particularly	62
tí	提议	（动）	tíyì	to propose, to suggest	63
tǐ	体系	（名）	tǐxì	system	70
tiān	添	（动）	tiān	to add, to append	63
	天色	（名）	tiānsè	time or weather of	

				the day as judged by	
				the colour of the sky	67
tián	田	（名）	tián	field, farm	63
	甜	（形）	tián	sweet	65
tíng	停顿	（动）	tíngdùn	to pause	66
tóng	同伴	（名）	tóngbàn	companion	67
	同时	（名）	tóngshí	at the same time, simultaneously	69
	同一	（形）	tóngyī	same	70
tòng	痛	（副）	tòng	severely, bitterly	71
tōu	偷	（动）	tōu	to steal	64
tóu	头	（量）	tóu	a measure word	69
tòu	透顶	（形）	tòudǐng	thorough, extreme	71
tū	突然	（形）	tūrán	sudden	73
tuī	推敲	（动）	tuīqiāo	to weigh and consider, to ponder	69
tuǐ	腿	（名）	tuǐ	leg	68
tuō	拖	（动）	tuō	to pull, to drag, to haul	73
tuó	驮	（动）	tuó	to carry on the back	68

W

wā	挖	（动）	wā	to dig	60
wán	完全	（形）	wánquán	entire, complete	69
wǎn	碗	（名）	wǎn	bowl	73
wǎng	往往	（副）	wǎngwǎng	often, usually	64

wàng	忘记	（动）	wàngjì	to forget	69
wěi	尾巴	（名）	wěiba	tail	73
	伟大	（形）	wěidà	great	59
wèi	喂	（动）	wèi	to feed, to raise, to keep	72
	卫兵	（名）	wèibīng	guards	65
wén	闻	（动）	wén	to smell	73
	文件	（名）	wénjiàn	document	62
	文字	（名）	wénzì	written language, character	66
wèn	问号	（名）	wènhào	question mark	66
wū	乌云	（名）	wūyún	black (dark) clouds	72
wú	无赖	（名）	wúlài	rascal	73
	无论	（连）	wúlùn	no matter	62
wù	物资	（名）	wùzī	material, matter	72

X

xī	吸	（动）	xī	to draw, to breathe, to smoke	67
	西头		xī tóu	west end (of a street, etc.)	73
xǐ	洗澡		xǐ zǎo	to take a bath	61
xià	吓	（动）	xià	to frighten, to scare, to intimidate	70
xiàn	现象	（名）	xiànxiàng	phenomenon	70
xiāng	香	（形）	xiāng	fragrant, nice-smelling	65

	相信	（动）	xiāngxìn	to believe, to trust	68
xiǎng	响	（动）	xiǎng	to ring	72
	想法	（名）	xiǎngfǎ	idea, thinking	64
xiàng	向	（介）	xiàng	to, towards	70
	象	（动）	xiàng	to resemble, to be like, to take after	63
	项	（量）	xiàng	*a measure word*	70
xiǎo	小偷	（名）	xiǎotōu	thief, pilferer	65
xiào	笑话	（名、动）	xiàohua	joke, jest, to crack a joke, to laugh at	66
xié	斜射	（动）	xiéshè	to look sideways	71
xiě	血	（名）	xiě	blood	73
	写生	（动、名）	xiěshēng	to sketch, to make a sketch of, to draw living or non-living objects	67
xiè	卸	（动）	xiè	to unload, to discharge	72
xīn	辛苦	（形）	xīnkǔ	toilsome, hard, strenuous	60
xìn	信心	（名）	xìnxīn	confidence	60
xíng	形成	（动）	xíngchéng	to take shape, to form, to become	70
	行动	（名、动）	xíngdòng	action, activity, to act	64
xìng	姓	（动、名）	xìng	(one's) surname is ..., surname	73

300

	性急	（形）	xìngjí	impatient, short-tempered	63
xióng	雄伟	（形）	xióngwěi	grand, imposing, magnificent	61
xiū	修改	（动）	xiūgǎi	to modify, to revise, to correct	69
xiù	绣	（动）	xiù	to embroider	59
	袖子	（名）	xiùzi	sleeves	65
xū	需要	（动、名）	xūyào	to need, need	62
xǔ	许	（动）	xǔ	to promise, to tell (a lie)	71
xué	学者	（名）	xuézhě	scholar	70

Y

yā	压	（动）	yā	to press, to lay (sth. heavy) on	68
yà	轧	（动）	yà	to crush, to press	59
ya	呀	（叹）	ya	*an interjection*	62
yān	烟	（名）	yān	cigarette	67
yán	盐	（名）	yán	table salt	67
	沿（着）	（介）	yán (zhe)	along	68
yǎn	眼光	（名）	yǎnguāng	eye	71
	眼镜	（名）	yǎnjìng	glasses, spectacles	71
	眼前	（名）	yǎnqián	in immediate presence, under one's nose	67

yàn	宴会	（名）	yànhuì	banquet	65
yàng	样子	（名）	yàngzi	shape, manner	64
yāo	腰	（名）	yāo	waist	73
	要求	（动、名）	yāoqiú	to demand, to require	69
yào	要紧	（形）	yàojǐn	important, urgent	72
	钥匙	（名）	yàoshi	key	73
yě	也许	（副）	yěxǔ	perhaps, maybe	68
yè	夜	（名）	yè	night	67
yī	医生	（名）	yīshēng	doctor	59
yí	移	（动）	yí	to remove, to move	60
	一气	（副）	yíqì	at one go, at a stretch	73
	一切	（代）	yíqiè	all, everything	66
	一下子		yí xiàzi	all at once, all of a sudden, in one go, in one stroke	73
yǐ	以	（助）	yǐ	to	65
	…以来		…yǐlái	since	70
	以为	（动）	yǐwéi	to think, to consider	64
yì	一举一动		yì jǔ yí dòng	(of a person's) one and every move	64
	一生	（名）	yìshēng	all one's life, life time	70
	一时	（名）	yìshí	for a while, for the time being	69
	一心	（副）	yìxīn	with one heart and one mind, heart and soul, concentrate	69

302

	一直	（副）	yìzhí	all the time, always, straightly	67
yīn	因此	（连）	yīncǐ	hence, therefore, thus	63
	因为	（连）	yīnwèi	because, as	65
yǐn	引号	（名）	yǐnhào	quotation mark	66
yīng	英雄	（名）	yīngxióng	hero, heroine	61
yíng	迎	（动）	yíng	to go to meet, to greet	72
yǒng	永远	（副）	yǒngyuǎn	always, forever	68
yóu	油田	（名）	yóutián	oilfield	70
	由于	（介）	yóuyú	because of, owing to, due to	64
	犹豫	（形、动）	yóuyù	uncertain, to hesitate	68
yǒu	有名	（形）	yǒumíng	famous, well-known	69
	有意		yǒu yì	to have a mind to, intentionally, deliberately	66
yòu	右	（名）	yòu	right	63
yú	鱼	（名）	yú	fish	62
	渔船	（名）	yúchuán	fishing boat	62
	渔民	（名）	yúmín	fisherman	62
	于是	（连）	yúshì	hence, thereupon, as a result	64
	渔业	（名）	yúyè	fishery	62
yǔ	雨布	（名）	yǔbù	waterproof cloth, waterproof canvas	72

	羽毛	（名）	yǔmáo	feather	67
	语气	（名）	yǔqì	tone, manner of speaking	66
yù	预报	（动）	yùbào	to forecast	72
	预备	（动）	yùbèi	to prepare	71
	预见	（名、动）	yùjiàn	foresight, prediction, to foresee	70
	寓言	（名）	yùyán	fable	60
yuán	员	（尾）	yuán	*a nominal suffix*	72
	原来	（名、副）	yuánlái	original, former, originally	63
	原理	（名）	yuánlǐ	principle, theory	70
	原则	（名）	yuánzé	principle, fundamental rule	65
yuàn	愿望	（名）	yuànwàng	aspiration, desire	64
	愿意	（能动）	yuànyì	to be willing	61
yuè	月	（名）	yuè	the moon	69
	月光	（名）	yuèguāng	moonlight	69
yún	云	（名）	yún	cloud	72
yùn	运动	（名）	yùndòng	movement	70

Z

zāi	灾难	（名）	zāinàn	disaster, calamity	68
zài	再说	（动）	zàishuō	to put off until some time later	73
zán	咱们	（代）	zánmen	we, us	60

zàn	赞成	（动）	zànchéng	to approve, to be in favour of	60
zāo	遭	（动）	zāo	to meet with, to suffer	71
zǎo	早晨	（名）	zǎochén	morning	62
	早点	（名）	zǎodiǎn	breakfast	62
zé	则	（连）	zé	but, however, then	70
zhǎng	长得	（动）	zhǎngde	to grow	65
zhàng	丈	（量）	zhàng	a measure word, a unit of length, equal to $3\frac{1}{3}$ metres	73
zhào	兆头	（名）	zhàotou	sign, omen	71
zhē	遮	（动）	zhē	to cover, to shade	65
zhě	者	（尾）	zhě	a nominal suffix, equivalent to -er, -or, -ist, etc.	70
zhè	这里	（代）	zhèlǐ	here	61
zhēn	珍贵	（形）	zhēnguì	valuable, precious	59
	珍惜	（动）	zhēnxī	to treasure, to value, to cherish	59
zhèn	阵	（量）	zhèn	a measure word	72
	镇	（名）	zhèn	town	73
zhěng	整	（形）	zhěng	whole	63
zhèng	正	（形、副）	zhèng	right, exactly, just	60
	政府	（名）	zhèngfǔ	government	62
	正好	（形、副）	zhènghǎo	fit, suitable, just, just all right	72

	证明	（动、名）	zhèngmíng	to prove, to confirm, proof	70
zhī	支持	（动）	zhīchí	to support	70
zhí	直	（形、动）	zhí	straight, to straighten	73
zhǐ	只要	（连）	zhǐyào	so long as	65
	只有	（连）	zhǐyǒu	only	65
zhōng	中药	（名）	zhōngyào	traditional Chinese medicine	73
	终于	（副）	zhōngyú	finally, in the end	61
zhòng	种	（动）	zhòng	to grow, to plant	63
	中毒		zhòng dú	to be poisoned	73
	重要	（形）	zhòngyào	important	66
zhōu	周到	（形）	zhōudào	thoughtful, attentive and satisfactory	7^2
zhòu	皱	（动）	zhòu	to frown, to knit (one's brows)	72
zhú	竹筒		zhú tǒng	bamboo section used as a holder or container	67
zhǔ	主观	（名、形）	zhǔguān	subjectivity, subjective	64
	主人	（名）	zhǔrén	host, hostess, master, owner	66
	主席	（名）	zhǔxí	chairman	61
	主意	（名）	zhǔyi	idea	65
zhù	住宿	（动）	zhùsù	to stay for the night	67

306

zhuān	专心 （形）	zhuānxīn	absorbed, concentrated	59
zhuǎn	转（身）（动）	zhuǎn (shēn)	to turn round, to face about	65
zhuāng	装 （动）	zhuāng	to contain, to hold	67
zhuàng	撞 （动）	zhuàng	to clash into, to knock into	69
	壮丽 （形）	zhuànglì	magnificent, majestic	61
zhǔn	准确 （形）	zhǔnquè	accurate, precise, exact	69
zhuō	捉 （动）	zhuō	to seize, to catch, to capture	68
zī	资源 （名）	zīyuán	resources	70
zǐ	仔细 （形）	zǐxì	careful, attentive	72
zì	自然 （形、名）	zìrán	natural, nature	71
	自然界（名）	zìránjiè	natural world, nature	70
zǒng	总（是）（副）	zǒng (shì)	always	65
	总理 （名）	zǒnglǐ	premier	70
zú	足 （名）	zú	foot	63
zǔ	祖国 （名）	zǔguó	motherland	61
zuǐ	嘴 （名）	zuǐ	mouth	68
zuì	醉 （动）	zuì	to be drunk, to be tipsy	73
zuǒ	左 （名）	zuǒ	left	63
	…左右	…zuǒyòu	around, about	72

307

zuò	做	（动）	zuò	to do	64
	作(饭)	（动）	zuò(fàn)	to cook, to do the cooking, to prepare a meal	67
	作文		zuò wén	to write a composition, composition, essay, writing	71
	作用	（名、动）	zuòyòng	function, effect, to function	66

专 名

B

基 础 汉 语 课 本
第 四 册

*

外文出版社出版
中国北京百万庄路24号
1980年（大32开）第一版
编号：（汉英）9050—16
00260
9—E—1516PD